安倍政権の終焉と新自由主義政治、改憲のゆくえ

「安倍政治」に代わる選択肢を探る

渡辺 治

旬報社

はじめに――安倍首相を辞任に追い込んだもの

安倍首相を辞任に追い込んだ二つの要因

二〇二〇年八月二八日、安倍首相は、記者会見において、突然、辞任を表明した。総裁任期を一年あまり残しての辞任表明であった。二〇一二年一二月に「復活」・再登場して以来、実に七年八ヶ月、連続在任記録を更新までした安倍政権は終焉を迎えた。

安倍首相が挙げた辞任の理由は、持病、潰瘍性大腸炎の再発であった。しかし、安倍首相に、持病を再発・悪化させるようなストレスをかけ、安倍政権を終焉に追い込んだ要因は二つあったと思われる。

安倍の宿願・「安倍改憲」が阻まれた

一つは、安倍首相が政治家となって以来掲げ続け、また二〇一二年の復活安倍政権において、安倍がもっとも執心した課題――安倍改憲が、改憲に反対する市民の運動、それに励まされた野党の頑張りによって実現を阻まれ、ついに、安倍自身が公約した「二〇二〇年中の改憲実行」はおろか総裁任期中の改憲実行も覚束なくなったことである。

二〇一六年七月の参院選において、自公など改憲勢力が参院で改憲発議に必要な三分の二を獲得し、すでに改憲勢力が三分の二を占めていた衆院と併せて、改憲発議の要件がそろった。しかし、第一次安倍政権で「任期中の改憲」を公約に掲げ、一敗地にまみれた安倍は、なんとしても改憲を成功させるために切り札を切った。二〇一七年の五月三日憲法記念日にあえてぶつけたビデオメッセージでの「改憲提言」がそれであった。「提言」で安倍は、肝心の九条について、一項、二項を残し新たに自衛隊を憲法に明記するという、いままで自民党が発表したことのない案を提示したのである。この案は、公明党が主張していた改憲案であった[1]。安倍はあえて、その改憲案を取り入れることで、九条改憲に「消極的」な公明党を抱えて一気に改憲発議に持ち込もうとしたのである。

ところが、安倍改憲に対し、安保法制反対以来共闘を追求してきた「戦争させない・9条壊すな！総がかり行動実行委員会」が中心となって、九条の会も参加して、「安倍9条改憲NO！全国市民アクション」が結成され、三〇〇〇万人署名が提起された。

こうした市民の運動の昂揚を背景に、立憲主義擁護を掲げる野党、いわゆる立憲野党が「安倍改憲反対」で一致し、衆参両院の憲法審査会で、改憲案の実質審議に入ることを阻止し続けた。そして、二〇一六年に続き二〇一九年の参院選でも、三二の一人区で野党共闘が候補者を一本化して臨み、参院での改憲勢力三分の二を割らせることに成功した。その結果、安倍首相は、「二〇二〇年を新しい憲法が施行される年に」という、「提言」で自らが掲げた公約の達成が事実上実現できないこととなったのである。

安倍はそれでもあきらめず、新型コロナ蔓延に乗じた緊急事態規定改憲や、イージス・アショアの配備断念を逆手にとって「敵基地攻撃力」保持を打ち出し、改憲を前にすすめることに執念を燃やしたが、明文改憲で改憲発議ができなかったことは、安倍の志気を阻喪するうえで決定的梃子となった。

安倍新自由主義政治が新型コロナ対策の破綻をもたらした

安倍首相を辞任に追い込んだ二つ目の要因は、新型コロナ蔓延とその対処をめぐって、安倍政治の無力、日本社会の困難が一気に顕在化したことである。これが、安倍首相を辞任に追い込む直接の引き金となったことは否定することができない。

新型コロナの蔓延とその対処をめぐり、安倍政権の打つ手、打つ手が無力であることが露わとなり、またコロナ危機を機に、日本社会の抱えていた困難が一気に露呈した。

PCR検査の遅れ、病床逼迫と医療崩壊の危険の継続、自粛要請などへの補償に対するかたくななまでの消極性、自粛に伴う女性・非正規を中心とした休業手当抜きの休業や雇い止めの噴出、介護、保育など社会に不可欠なサービスの危機、中小零細企業の経営危機、はては、マスクや防護服の決定的不足や、一〇万円の特別定額給付金や持続化給付金の支給の遅れ、などなどである。

これらコロナ対策の無力や日本社会の矛盾と困難の顕在化は、たんに安倍政権の危機管理能力の欠如や失敗というような要因ではなく、自民党政権が四半世紀にわたって続け安倍政権が再強化した新自由主義政治の所産にほかならなかったから、安倍がいくら力んでも簡単には是正できない、文字通り「安倍政治」を代えねば解決できない問題であった。

これら要因に加えて、これまた安倍政権の宿痾ともいうべき、安倍を取り巻く汚職腐敗、醜聞が、後を絶たず、これでもかこれでもかという具合に、メディアや国会で暴露、追及された。ごくごく、近いところだけでも「桜を見る会」疑惑、森友文書改竄問題の新展開、ＩＲ（カジノ併設を認める統合型リゾート）をめぐる汚職事件、さらに河井克行・案里夫妻の選挙違反事件が相次いで、自業自得とはいえ、安倍の体力、気力をさらに奪ったのである。

「安倍政治」は安倍がいなくなっても続く

しかし、注目しなければならないのは、安倍首相を辞任に追い込んだ、改憲問題といい、新自由主義政治といい、決して安倍首相が初めて手をつけた課題でも、安倍の思いつきによるものでもない、少なくとも、冷戦終焉以来三〇年近くにわたり支配層が全力をあげて実現に取り組んできた課題であるということである。

安倍政権は、それら課題の言い出しっぺではなく、歴代政権がその実現をめざしながらなお完成できなかった、それら課題の完成をめざした政権であったといえる。確かに、安倍政権は、これら課題に自覚的に立ち向かい強行した政権としては特異ではあったが、これら課題は決して安倍個人に特異なものではないのである。

したがって、安倍が、改憲を途中で放り出しまた新自由主義政治に行き詰まったからといって、安倍に代わって出てくる政権が、これら課題、つまり「安倍政治」を放棄することは決してない。

安倍政権の後を継いで誕生した菅義偉政権が、「安倍政権の継承」を謳ったのはその意味で当然のことである。安倍首相のクビが代わっても、「安倍なき安倍政治」「安倍なき安倍改憲」は続くと見なければならない。

では一体「安倍なき安倍政治」「安倍なき安倍改憲」に終止符を打つにはどうしたらよいのであろうか。本書ではこのことも考えてみたい。

「安倍政治」に代わる選択肢を

以上のような問題意識の下、本書では三つの問題を考えてみたい。

第一は、安倍政権を終焉に追いやった新型コロナ対処における安倍政治の無策はなぜ生じたのか、その原因を、自民党政権、安倍政権が続けてきた新自由主義政治の構造的所産であるという視点から検討してみたい。

本来であれば、「安倍政治」の第一の柱であり、安倍首相を辞任に追い込んだ第一の要因ともなった、改憲問題における安倍政権の取り組みから検討を始めねばならないが、筆者は、この課題については、すでに検討したことがあるので[2]、この論点についてはそちらにゆずり、本書では、安倍政権を窮地に追い込んだ直接的要因、新自由主義政治の方をくわしく検討したい。第一章で、それを行ないたい。

第二は、改憲問題、新自由主義政治の行き詰まりに直面して、では、その後継を自認する菅政権は、その隘路をどう突破し乗り切ろうとしているのかを検討したい。ここでは、まず、菅政権が新型コロナで行き詰まった新自由主義政治をどうしようとしているかを検討し、続いて、明文改憲の行き詰まりをどう打開しようとしているのかを検討する。結論を言えば、菅政権は「安倍なき安倍政治」「安倍なき安倍改憲」を追求している。第二章で、それをあきらかにしたい。

第三は、では「安倍なき安倍政治」の継続を許さず「安倍政治」を変えるにはどうしたらよいのか？という点を検討したい。自公政権の下で、首相の首をすげ替えても、「安倍政治」は変わらない。「安倍政治」を変えるには、「安倍政治」に代わる選択肢を示さなければならない。

あとでもう一度みるように、安倍政権はあれだけの悪政を続けても、支持率は一定以下には下がらなかった。それどころか、安倍首相の辞任表明のあと、安倍政権の支持率は著増した。これは決して国民が安倍政治を良しとしているからではない。にもかかわらず、国民には、「安倍政治」に代わってどんな政治が可能なのか、またそれはどんな政権によって実現できるのかが見えていない。そうした「選択肢」の欠如が、安倍政権に対する「仕方のない支持」、「安倍なき安倍政治」に対する「容認」の風潮をつくっているのである。そこで、ここでは、「安倍政治」に代わる選択肢を検討してみたい。

実は、「安倍政治」とは、のちに、本文でくわしく検討するように、一九七〇年代末に登場して以来四〇年にわたって世界を席捲し続けている新自由主義政治の日本版である。新自由主義政治は近年明らかに行き詰まりを見せ、とりわけ、新型コロナの蔓延で、その害悪が劇的に顕在化した。しかし、新自由主義がいかに社会と国民に深刻な困難をもたらしても、それだけで新自由主義が終焉するわけではない。新自由主義の体制に代わる、新たな福祉と平和を追求する政権が生まれて初めて新自由主義の時代は終焉に向かうことになる。(3)

さまざまな部分的なオルタナティブは現れているが、未だ世界のどこにも、新自由主義に代わる政治を実現する政権は生まれていない。その意味では、「安倍政治」に代わる選択肢を求める私たちの課題は、新自由主義の時代を終わらせるという世界史的な、未完の課題の実現をめざす営みの一環をなしているといえよう。第三章で、筆者なりの、その選択肢の輪郭を検討したい。

本書の大半は、安倍政権を一刻も早く倒さねばならないという思いで、八月末に脱稿していたが、その直後、八月二八日になって、安倍首相が記者会見で辞任を表明した。その後、ポスト安倍をめぐるメディアの大騒ぎを経て、九月一六日に菅内閣が誕生した。安倍政権は倒れたが、それで、安倍が追求した新自由主義政治も憲法改悪も終わったわけでは全くなく、菅政権の下で「安倍なき安倍政治」が続けられようとしている。新自由主義宣言に等しい「自助、共助、公助」論、小泉政権の新自由主義とみまがうばかりの「行政改革」「規制改革」がその一端である。本書での問題提起は、安倍政権が代わっても、なお、というかいっそう切実になったと思い、最小限の手直しをして発表することにした。

したがって本書で、「安倍政治」というのは、安倍政権が追求した、新自由主義政治、アメリカの戦争に加担する戦争体制づくり、新自由主義政治を強行する反民主主義的強権体制をめざす政治のことを指している。

「安倍政治」をなんとかしたい、改憲に今度こそ終止符を打ちたい、そのために何かしたいと頑張ってきた、たくさんのみなさんに、ぜひお読みいただきたい。

（1）渡辺治『戦後史のなかの安倍改憲』新日本出版社、二〇一八年、一九三頁以下、参照。
（2）同前書。
（3）二宮元「新自由主義がもたらした災厄としての新型コロナ危機」『前衛』二〇二〇年一〇月号所収、も同様の点を強調している。同感である。

目次

第3章 安倍亜流政権を倒し、野党連合政権で憲法の生きる日本を……121

第1章 新型コロナが暴露した安倍新自由主義政治の害悪

一　新自由主義政治とは何か？　安倍新自由主義政治とは？

1　新自由主義政治とは何か？

「新自由主義」という言葉がよく使われるようになった

新型コロナの蔓延に対する安倍政権の対処が混乱するなかで、対抗する運動や野党の言説の間で、事態の本質を「新自由主義」ととらえ、この克服を促す言説が目立っている。

たとえば、立憲民主党（旧）の枝野幸男代表が二〇二〇年五月二九日に発表した政権構想、「支え合う社会」といういわゆる枝野私案(1)では、最初に「新型コロナウイルス感染症は何を突きつけたのか？」と問うて、「新自由主義的社会の脆弱さ」という視角から日本社会が直面している困難を取り上げている。また、合流新党代表への立候補文書「枝野幸男の思いと政見」では、よりはっきりと、現代日本社会の困難を新自由主義の弊害という視点で捉え、その克服を謳っている。

そこで枝野はこう新自由主義による日本社会の困難を言う。「バブル崩壊以降に強まった新自由主義的傾向が、過度な自己責任論や目先の効率性に拘泥した市場万能主義をもたらし、格差と貧困の拡大や社会の分断を生み出すとともに、少子高齢社会における将来不安をさらに強めてきました。」と。

続いて枝野は新型コロナが、新自由主義社会の脆弱性を露呈させたという。「そんな中で拡大した新型コロナウイルス感染症は、医療をはじめとする生きるために不可欠なケアサービスの脆弱さを顕在化させました。非正規雇用や貯蓄ゼロ所帯が広がり、中小企業・小規模事業者の経営基盤が弱まってきた中で、社会全体の危機が個々人の生活危機に直結しています」[2]というのである。

また、日本共産党の志位和夫委員長は、七月一五日の党創立九八周年の記念講演「コロナ危機を乗りこえ、新しい日本と世界を」のなかで、新型コロナ危機で明らかになったこととして「新自由主義の破たん」を挙げ、新自由主義が社会全体をもろく弱いものにしたと指摘している。「すべてを市場原理にゆだね、あらゆる規制を取り払い、資本の目先の利潤を最大化していく。社会保障をはじめ公的サービスを切り捨て、自己責任を押し付ける。米国を震源地としながら、この四〇年あまりに新自由主義という〝疫病〟が世界にまん延しました」「この〝疫病〟が社会全体をもろく、弱いものにしてしまった」[3]と。

筆者も、新型コロナ対処の無力、日本社会が陥った困難を新自由主義問題として解明することに、まったく同感である。

しかし、この「新自由主義」という概念には大まかな了解はあるものの、使うものによってかなり差があることも否定できない。言葉だけが一人歩きしてはまずいので、ここで、あらかじめ筆者が使用する「新自由主義」の定義を明らかにしておきたい。

新自由主義とは何か？

新自由主義とは、資本のグローバリゼーションによる競争激化の下で、各国の巨大資本の権力を再確立し、それまで制約されてきた利潤を再び増大させようとする政治経済体制をさす。資本の利潤を増大させるために新自由主義が採る方式の特徴は、現代国家によって資本にかけられている重い負担を軽減し、労働者保護などのために課せられている厳しい規制を緩和・撤廃することによって、資本の活動の「自由」と活力を「復活」させようとする点にある。

現代の資本＝企業は、労働者保護のために賃金、労働時間、解雇などで厳しくその「自由」を制約され、勝手に労働者のクビを切ったり、長時間労働をさせたりすることは許されていない。女性などを賃金、処遇などで差別することも禁じられている。資本は、労働者が団結して組合を作ることも認めなければならない。また、現代の資本は、中小企業を保護したり環境を保護するためにも、その野放図な活動を規制されている。

それだけではない。現代国家は、社会保障や地方財政支援のため「大きな財政」を持っているが、その財政の少なくない部分を、資本に対し法人税その他の税を課すことで賄っている。それでも資本が国内で活動している場合には、負担も規制も「平等」だから我慢できたが、巨大企業が、国境を越えてグローバルに展開し、競争する時代になると、こうした資本にかけられた負担や規制の大小は、資本の国際的競争力を左右することになるため、各国の巨大企業は、そうした負担や規制に強い関心を持つに至った。その国家がヨーロッパの福祉国家であれば社会保障などを賄うため企業にかけられる負担も重く、労働者の賃金をはじめ規制は厳しい。それに対して、たとえば一九九〇年代の中国のような途上国では、賃金も安く、開発重視のため資本に対する負担も規制も欧米や日本に比べて驚くほど軽かった。

そのため、巨大資本は、競争力強化のため、自国の政府に対し、自らにかけられた負担の軽減と規制の撤廃を強く求めることになったのである。

新自由主義はなぜ起こったのか？——資本の活動と規制に着目した資本主義の三つの段階

では、なぜ、現代資本主義の時代に、こうした新自由主義が生まれてきたのであろうか。それを知るために、資本の活動の自由と、その規制、それにかけられる負担との関係に着目して、資本主義の発展をふり返ってみたい。

そうした視点から資本主義の歴史を見ると、おおよそ三つの段階に分けてみることができる。

古典的自由主義段階　資本主義の先進イギリスを例にとってみると、一八世紀後半から一九世紀にかけてのほぼ一〇〇年、自由競争資本主義の時代が続いた。この時代には、資本の「自由な」活動が認められ、資本に課される租税などの負担もできるだけ少なく抑えられた。そうした「自由」の下で、経済が発展し、社会の幸福も実現すると考えられたのである。

この様子をイギリスを例に少し具体的にみてみよう。そこでは、資本の「自由な」活動という名の下で、一日十数時間というような長労働時間が横行し、女性や児童が低賃金で働かせられ、不況期には解雇が横行し、失業問題が深刻化した。職を求めて都市に流入した大量の不安定労働者層が、貧民街に集住したが、これら居住区は、上下水道も完備しておらず、公害規制も建築規制もない下で、コレラ、チフス、結核など伝染病の温床となった。総じて、資本の「自由な」活動は、一方で急速な経済の成長をもたらすと同時に、他方で、貧困と失業、児童の困難や家族の崩壊、環境破壊、社会の分裂という深刻な被害を生み出し、それに対抗する労働運動や、社会主義運動が台頭・発展した。こうした資本の野放図な活動は、「自由主義」というイデオロギーの下で許容、正当化されたから、ここでは「古典的自由主義」の時代と呼んでおく。

福祉国家型資本主義段階　こうした「自由な」資本主義のもたらす弊害と困難に対しては、

早くから、抵抗と改革の運動が起こった。

一つは、資本の「自由な」活動により困難を押しつけられた労働者が自分たちの生存を守るために始めた労働組合結成とそれによる賃金引き上げ、解雇規制、労働時間規制を求める運動であった。この労働運動は同時に、こうした「自由放任」を支える政治に対する要求――参政権拡大の運動と並行して盛り上がった。もともと市民革命は、「自由と平等」を掲げて立ち上がったが、革命の結果つくられた市民社会の成員は、財産と教養のある男性に限られ、労働者や女性は、「市民」とはみなされず、選挙・被選挙権も与えられていなかったため、参政権の拡大を求める運動が激化した。労働者は、自らの権利を求めて労働組合運動に参加するとともに、自分たちの要求を政治に反映させる参政権拡大の運動にも参加したのである。

しかし、資本の野放図な活動に歯止めをかけようという動きは、既存のブルジョア階級や、保守政治家たちの中からも起こった。女性や児童を労働現場に送り込み、無制限に働かせるような事態が、資本のもうけを保障しても「社会」そのものを壊しかねないことへの危機感から、ブルジョア層の一部が規制にのりだした。またこんな事態を放置すれば社会が壊れることを憂慮して保守政治家たちからも動きが起こった。これらの力が合流して、資本に厳しい規制を課す資本主義の時代が訪れたのである。

けれども、新しい資本主義の時代が生まれるには、条件があった。それは、「自由な」資本主義が生んだ独占資本の制覇と「帝国主義」であった。自由競争の下で巨大化した資本は、海外での市場と原燃料の獲得をめざして植民地獲得にのりだし、植民地獲得と再分割をめぐり列強同士が激突する「帝国主義」の時代が始まった。

この帝国主義が、「自由な」資本主義の変化を促進する条件を与えたのである。一つは、帝国主義大国同士の戦争に労働者・国民を動員する必要が出てきた国家は、いままで「国民」と認めてこなかった労働者や女性に参政権を与え、「国民」として統合する必要が生まれ、労働者の権利保護を促進したことである。もう一つは、帝国主義の植民地支配による搾取と収奪から上がる特別な利潤が、社会保障費などの財政を支える条件をつくったことである。

こうして、一九世紀から二〇世紀にかけての帝国主義の時代に新たな資本主義の段階が始まったのである。それは、古典的自由主義の「自由」に代わり、労働者や国民のために資本の野放図な活動に厳しい制限をかけ、大資本や富裕層に重い負担を課し社会保障などの費用を賄う、福祉国家型資本主義と呼べるような時代である。

この福祉国家型資本主義は、労働運動を背景に労働者の支持によりつくられた労働者政党が中心となってつくられた政権の下で始まった。福祉国家は、「自由」資本主義がもたらした、低賃金、労働者の酷使を是正するために、労働者の団結、労働組合、ストライキを公認し労働者の「高」賃金を保障すると同時に、法律によって、労働時間、賃金、解雇、などについて資本の野放図な活動を規制し、また資本から税金を取ることで、労働運動では解決できない失業、高齢化、子育て等に対する社会保障や教育を整備した。

こうした施策が、労働者の消費需要の拡大をうみ、それが国内市場の大拡大をもたらした。いままで一部富裕層のものとされた自動車が、労働者の手に入る大衆車となり、自動車産業の大拡大をもたらしたのは、ほんの一例である。加えて、第二次世界大戦で、日本やドイツなどの列強帝国主義が敗北し、列強が自国の植民地、勢力圏を囲い込む体制に代わって、「自由な」市場が広がったため、第二次世界大戦後の長期にわたる経済成長を生んだ。

この長期経済成長が福祉国家型資本主義の安定をもたらしたのである。福祉国家型資本主義は、大企業に負担を課し厳しい規制をかけたが、それがもたらした経済成長による恩恵を享受していたかぎり大資本はこうした負担や規制を受容したからである。

新自由主義段階　ところが、福祉国家型資本主義の経済発展そのものが巨大資本のさらなる巨大化と国境を越えた活動を生み、グローバリゼーションの時代がやってくると、資本の自由と規制の関係にも新たな時代がやってきた。

福祉国家は、不況期には大規模な財政出動により需要を拡大することで不況を乗り切ってきたが、七〇年代初頭の不況は財政出動にもかかわらず不況は克服できず、不況とインフレが両方襲う、いわゆる「スタグフレーション」を深刻化させた。この不況を契機に、資本に課せられた負担と規制を打破し、資本に「自由」な活動を再び認めることで資本の活力を再建し国際競争力を強化し、経済発展を図ろうという新たな資本主義の潮流が台頭したのである。

それは、不況の原因は福祉国家による資本に対する厳しい規制と負担が資本の利潤を人為的に抑え込み、資本の活力を奪っていることにあるとして、負担と規制を緩和・除去し、古典的自由主義時代に資本が享受していた資本活動の自由を「復活」する――新たな潮流が「新」自由主義と呼ばれたのはそのためである――ことによって、資本蓄積と成長を確保、再建しようというものであった。

新自由主義型資本主義は、「市場の原理」に従うことで資本の活力を取り戻せと主張し、福祉国家の手法――労働運動の公認、資本の負担による「大きな財政」、資本に対する厳しい規制を、市場に対する恣意的な介入であるとして攻撃し、否定した。この特徴を捉えて、新自由主義の本質を「市場原理主義」と規定する把握が出てくるのである。

新自由主義資本主義は七〇年代末に、アメリカ、イギリスで始まったが、冷戦が終焉し、ソ連・東欧の崩壊、中国の自由市場への参入、それまで西側の資本の流入を規制してきた途上国の自由市場への参加などにより、「自由」市場が世界的に拡延した九〇年代に入って、世界中を覆うようになった。拡大した世界市場を手にしたグローバル企業は、大きなビジネスチャンスを獲得したが、拡大した市場での競争に勝利するため、とりわけ、低賃金で規制も弱い中国など途上国との競争に勝利するためにも、こぞって自国の政府に対し新自由主義政策を求めた。途上国は途上国で、世界的大競争の下で自国経済を発展させるために、新自由主義を採用せざるをえなくなったのである。

新自由主義とはこうした新たな段階の資本主義をさして使われるようになった。しかし、新自由主義という言葉は、既存の制度を打ち壊してそうした新たな資本主義を強力につくり出すことをめざす政治体制や新自由主義を正当化するイデオロギーの総体[4]をさしても使われる。

新自由主義が強調する資本に対する負担と規制の緩和の主張に着目して、新自由主義は先に述べたように「市場原理主義」と呼ばれるが、「市場原理主義」といってしまうと、あたかも国家の介入がないかのようにとらえられかねないが、実際の新自由主義は決してそうではない。資本にかけられたさまざまな負担や規制を取り払い、強い労働運動の抵抗を抑えるためにも、さらに大資本にかけられている重い税金を軽減するためにも、強力な政治が不可欠となる。新自由主義があとで述べるようにどこでも強権的・反民主的政治を行なうのもここに起因している。この点を見逃してはならない。

新自由主義政治は三つの柱からなる

資本蓄積を再建・強化し、その競争力を拡大するために、新自由主義が採用した政策は、大

きくいうと三つの柱から成り立っていた。(5)

労働者の賃金切り下げ

資本の蓄積強化のため新自由主義が採用した第一の柱は、労働者の賃金の削減を促進する方策である。イギリスのサッチャー政権やアメリカのレーガン政権が、自国の「高」賃金体制を壊すべく、労働運動や労働組合に激しい攻撃を仕掛けたのは、このためであった。

企業主義国家だった日本

ところで、戦後日本で成立した政治体制は、西ヨーロッパで成立した福祉国家ではなかったことにふれておかねばならない。戦後日本では、五〇年代中葉に、労働組合運動を弾圧して、企業ごとの強い労働者支配が成立した。企業は、終身雇用と年功賃金を認め、それまであったブルーカラー労働者とホワイトカラー労働者の昇進昇格差別を撤廃して昇進昇格を一本化し、正規従業員であれば、ホワイトカラーのみならずブルーカラー労働者も、企業のために忠誠を尽くして競争に勝ち残り企業内の階段をあがって賃金を上昇させ生活を改善できる道をつくった。企業内で昇進競争に参加できるのは男性のみであり女性や非正規は競争から排除されたため、日本では、激しい女性差別が長く続くこととなった。それと同時に企業は企業内福利厚生を充実させ企業に依存してさまざまな福祉要求を実現する途を開き、労働者が組合運動や労働者政党を通じての福祉政治によってでなく、企業内の昇進で生活を改善する道をつくったのである。

こうした企業の労働者支配は、労働者の福祉要求を企業内での「解決」に依存させる志向を生んだ。企業社会統合の下で、労働者は年功賃金でしかも企業内の昇進とともに賃金が上がっていったから、ライフサイクルの過程で直面する子どもの教育費や、介護費用も、上昇する賃金で賄うこととなった。

こうして、企業内に囲い込まれた労働者は、労働者政党よりも、企業の成長を支援してくれる自民党政権を支持するようになった。そのため、日本では、労働者が増加しても、ヨーロッパのように労働者政党が伸張して政権を握るのではなく、自民党一党政権が続いた。自民党政権は、企業の成長で増大する税収を社会保障でなく、企業の成長に資する開発と公共投資につぎ込んだ。その結果、日本では公的社会保障は極めて脆弱なままであった。

こうした企業社会統合と開発主義国家は、福祉国家に比べ、企業に対する規制も緩く――公害規制は遅らされ、また労働者保護のための法律も弱かった――財政も大企業優位に使われたから、日本は高度成長期に驚異的成長を遂げたのみならず、現代国家が軒並み不況の克服に苦しみ、新自由主義改革が台頭する直接の契機となったオイルショック後の不況も逸早く克服して、世界経済の機関車となった。

日本企業の競争力の源が、このような企業の労働者支配と下請け制などの日本的企業システム、そして自民党政権下の開発・公共投資にあったため、日本企業のグローバル化も遅れた。(6)

企業が海外に出て行くと、従順な労働者も自民党政治もなくなってしまうからであった。

ところが、経済摩擦の激化と円高に強制されて、八〇年代後半以降には日本企業も海外に展開せざるをえなくなった。それ以降、日本でも新自由主義改革の動きが台頭したのである。日本の新自由主義改革は、「日本型雇用」と呼ばれた企業支配の構造を壊そうとした。グローバル競争の下では、企業支配が保証した、正規従業員の長期雇用、年功賃金制ですら、桎梏となったからであった。こうして日本では、新自由主義の第一の柱―労働者の賃金切り下げは、正規労働者のリストラと非正規への置き換えという形で、強力に遂行されたのである。

日本で、この第一の柱を強力に遂行したのは、二〇〇一年に発足した小泉純一郎政権であった。小泉政権初年の二〇〇一年から〇二年にかけての一年で、政権の「不良債権処理」などの後押しの下、一二五万人の正規労働者がリストラされ、非正規に置き換えられた。[7] また小泉政権期には、非正規化を促進すべく、労働者派遣法の改正により、製造業への派遣も認められるようになった。

大企業負担の軽減　新自由主義政治の第二の柱は、大企業にかけられた負担―法人税や社会保険負担の軽減であった。富裕層に対して重くなる所得税の累進制の緩和も同じ目的から行なわれた。

大企業への負担軽減には二つの方式があった。一つは、巨大化している財政の削減である。福祉国家と日本のような企業主義国家の違いはあるが、現代国家では一般に、社会保障費をはじめ財政支出が巨大化する。それを賄うのは税金であるから、財政が肥大化する限り、法人税等の負担も重くなる。そのため、新自由主義では必ず社会保障費をはじめとした財政支出の切り込みが企図されるのである。とくに新自由主義政治がねらったのが、医療、年金等の社会保障費である。なぜなら現代国家ではどこでもこの社会保障費が大きな比重を占めているからである。

たとえば、日本でみると、二〇二〇年度一般会計予算は、一〇二兆六五八〇億円に上り、そのうち、社会保障費が総額の三五％、三五兆八六〇八億円、そのなかで年金一二兆円、医療が一二兆円、介護が三兆円を占める。したがって新自由主義は、ここをねらうのである。

大企業への減税のもう一つの方式は、代替税目の創出であり、これが消費税であった。

日本でも橋本龍太郎政権で新自由主義改革が「六大構造改革」と銘打って始められたとき、柱の一つに「財政構造改革」「社会保障構造改革」が掲げられ、また消費税引き上げが強行された。小泉政権は、消費税引き上げが、財政削減意欲を衰えさせるという判断から消費税引き上げは見送ったが、過酷な社会保障費の切り下げが行なわれた。

規制緩和と市場創出　新自由主義政治の第三の柱は、規制緩和である。時に「規制緩和」が新自由主義の代名詞となることもある。

資本にかけられた規制は、大きく言って次の四つぐらいのグループに分けられ、その規制の緩和にも、それぞれ異なるねらいが込められている。

第一は、労働者や労働条件に対する保護と規制である。労働時間や派遣等に対する規制や女性差別に対する規制などである。日本では、企業社会の下で労働者保護のための労働時間規制が緩やかであったから、サービス残業が横行し、「過労死」が頻発した。

こうした労働時間規制や残業など労働者に対する保護が強ければ——それは福祉国家で強くなる——それだけ、資本の競争力は落ちる。賃金や労働時間規制、解雇規制などの緩やかな中国など途上国と競争するには規制を緩和しろというのが、第一の規制緩和のねらいである。

第二は経済成長によって没落する衰退産業保護のための規制である。とくに、農業部門や商店など流通部門の小営業の保護、地場産業保護などがこれにあたる。現代国家はいずれもこれら衰退産業保護を行ない、農産物輸入規制などを行なっている。

したがって、第二の規制緩和は、こうした弱小産業、農業に対する保護や大資本の進出規制などの規制を撤廃しそれらを選別・淘汰することによって、労働者の生活費を抑制し大企業の競争力を拡大するとともに、大企業の新たな市場にすることをねらって行なわれる。

農産物に対する貿易規制を取り払えば、国内農業は危機に陥るが、食料品の価格は安くなり労働者の賃金の抑制につながる。また農産物の輸入規制を取り払うことで、代わりに日本車などグローバル企業のアメリカや中国、オーストラリアなどへの輸出を増やすねらいもある。

また田中角栄政権期にできた、スーパーやコンビニの進出を規制する大規模店舗法（大店法）を一九九八年に橋本政権が廃止したのは、個人商店等を淘汰し大手スーパーやコンビニの進出を促進するねらいであった。

第三は、国内大企業保護のためのさまざまな規制である。日本では自民党政権の下で、この種の規制もたくさんあった。たとえば、大企業が過当競争で潰れないように、通産省の行政指導により、鉄鋼産業で高炉を建設できる企業数を絞って保護したり、金融部門で過当競争が起こらないよう、生命保険業界、損保業界への他業種からの参入を規制するなどさまざまな業際規制がこれにあたる。いわゆる「護送船団方式」と呼ばれた規制である。こうした規制があると、既存業界では競争が弱く、グローバル化した競争に勝てないということで橋本政権以降、業際規制の緩和が進められた。そうすることで、競争を激しくさせ、競争力を強化するためである。

第四は、社会的規制といわれる規制である。国民の食の安全を守るために食品添加物規制が行なわれ、また、高齢者や子どもを守るため介護施設、保育園などの厳しい設置基準が設けられた。さらに、環境保護のための規制などもある。

これら規制の緩和は、児童や高齢者のためにつくられている厳しい設置基準や人員基準を下げることで、財政の削減をねらうとともに、そうした分野への民間企業の参入を支援するねらいもある。

新自由主義はなぜ強権体制をとるのか？

新自由主義の政治体制が強権体制をとるということも、新自由主義の大きな特徴である。イギリスのサッチャー政権、アメリカのレーガン政権に始まりトランプ政権に至るまで、どこでも強権的政治体制をとっていることが注目される。また、日本でも、安倍政権の政治を思い浮かべていただければ、明らかだ。

新自由主義の政治的上部構造は、反民主主義、強権政治体制だと言える。

ではは新自由主義はなぜ強権体制をとるのであろうか？ それには、以下のような理由がある。

第一は、新自由主義の政治を実現するには、どこでも、既存の政治体制を乱暴に壊す必要があるからである。ヨーロッパで新自由主義の政治をやるためには、福祉国家の政治を壊さなければならなかったし、それを支えてきた強い労働運動に打撃を与えねばならなかった。日本は、福祉国家ではなかったが、自民党利益誘導政治の下で、経済成長により衰退する農業や中小零細企業を保護したり、それら産業部門に財政出動することで政治の安定を図ってきたから、そうした体制を改変することが不可欠であった。

日本で考えてみると、自民党議員が地元の衰退産業保護や公共投資と引き替えに支持を獲得することで自民党政治を成り立たせてきたから、大企業のもうけのためだからといって、議員たちは簡単に農業や中小企業を淘汰する「規制緩和」や「自由化」をのめるはずはなかった。

また既存の官僚機構——現在であれば厚労省であれ、経済産業省であれ、国土交通省であれ、いくら、新自由主義のために財政削減を求められても、それが、自分たちの抱えている行政の現場——たとえば厚労省であれば医療や介護であり、経産省であれば中小企業など——が、どんな痛手となるかは、分かっていたから、そう簡単に鉈を振るうことに賛成できなかった。

そのため、新自由主義政策を強行するには、既存自民党政治や既存の官僚機構を「敵」に回して、抵抗する官僚や議員を切って進めねばならない。小泉政権が登場するとき「自民党をぶっ壊す」といい、「官邸主導」と称して、既存官僚を「悪役」にして「改革」を強行したのも、また、安倍政権が、国会軽視どころか小泉政権ばりの「官邸主導」と称して人事を官邸で握り、官僚機構の抵抗を押し切って強行する体制をつくったのもこうした理由からである。

第二に、新自由主義の政治は、大企業のもうけのために、労働者の賃金を押し下げリストラ・非正規化を進め、また社会保障費を削減し、地方の政治を縮減し、中小零細企業層を切って捨てるなど、国民諸階層の利益を削減する政治であり、新自由主義はやればやるほど国民の支持と同意の幅を狭めざるを得ないからである。したがって、新自由主義の政治を強行するためには、労働運動や社会運動、新自由主義に反対する政党の運動を抑圧し続けなければならない。

安倍政権が議会での議論を徹底して嫌がり、憲法上義務づけられている臨時国会開催を無視し続けたのは、安倍を取り巻く、汚職・腐敗——これ自体もあとで言うように、新自由主義政治の産物にほかならないのだが――の追及を嫌がったこともあるが、それだけでなく、政策の議論をすれば、いずれも諸階層の利益を侵害・削減することが明らかだからだ。

「安倍政治」の強権、反民主主義は安倍の個性もさることながら、新自由主義政治そのものが持っている特徴でもあると言える。だから、安倍が辞任して菅政権に代わっても、新自由主義政治を止めない限り、強権政治は変わらないのである。

新自由主義は、軍事強化と軍事大国化を伴う

また、新自由主義政治体制は、必ずといってよいほど軍事強化と軍事大国化を伴うという特徴も見逃すことはできない。この点も「安倍政治」が安保法制を強行して日米共同作戦体制の強化を推し進め、改憲に執念を持ち続けたことを見れば、納得できよう。

冷戦の終焉は、資本のグローバリゼーションを大きく進展させた。それまで多国籍企業が活動できた地域は一〇億人の世界だったのが、ソ連東欧の自由主義陣営化、中国の自由市場への参加などによって一気に四〇億～五〇億人市場へと拡大した。グローバル企業にとって理想の世界が到来したのである。

しかし、こうした新たに拡大した「自由」市場で大企業が「ならず者国家」や「テロ」の脅威から「安全に」活動＝大もうけをするためには、また、グローバル企業の進出によって、既存の伝統的産業や文化が破壊されたことに対して各地域で噴出する抵抗――イスラム原理主義はその典型だ――から企業を守るためにも、新たな市場の「秩序」を守る警察官が必要となった。覇権国となったアメリカが、その「警察官」としての役割を担ったのである。

だが、アメリカはその負担の分担を他の先進国、とりわけ日本にも求めたのである。「自由」な市場で利益を受けるのはアメリカの巨大企業に限らないだろうというのが、理由であった。

アメリカは九〇年代に入って、日本に対して、それまでの米軍基地の自由な使用、日本の軍事費の拡大の要求に加え、「ともに血を流せ」と、アメリカ主導の戦争への自衛隊の加担を強く求めるようになったのである。

こうして新自由主義の歴史は、その裏面で改憲と軍事大国化の歴史でもあった。

2　安倍新自由主義政治とは？

七年八ヶ月も続いた安倍政権が行なったのは、いまみてきたような新自由主義政治にほかならなかったのだが、新自由主義政治は安倍が始めたわけではなかった。

では一体日本の新自由主義はいつ頃始まり、「安倍政治」はそうした新自由主義政治の中でどんな位置を占めているのだろうか。

新自由主義政治の強行と矛盾

日本の新自由主義政治は、その出発当初から、ほかでもなく自民党政権が続けてきた大企業優遇の開発主義と利益誘導の政治を改変することをめざした。

自民党が続けてきた開発主義政治は、先にも少しふれたように、福祉国家と異なり社会保障へは支出を渋ったものの、自民党支持基盤の維持のため、経済成長で衰退する農業や地場産業、零細小売店など、低効率産業保護のための政策や支出を続けていたからである。これが大企業の負担を重くしていただけでなく、広範な低効率産業が残存するために、大企業の国際的競争力低下の原因でもあったからだ。

しかし、その改革は、グローバル企業の競争力拡大には役に立っても、肝心の自民党支持基盤を掘り崩しかねないものであったために、自民党政権はなかなか手をつけられなかった。

「政治改革」＝新自由主義政治体制づくり 新自由主義政治推進のためには、自民党政治の大幅な再編が必要だったのである。それが、一九九三年に自民党を飛び出した小沢一郎らの手で行なわれた「政治改革」(8)であった。

「政治改革」は、選挙区の定数が二～六と複数であるため、少数政党の候補も当選が可能で比較的多様な意見を反映できた中選挙区制に代えて、定数一の小選挙区制度を導入した。自民党の圧倒的独占体制をつくること、それから小選挙区制にすることで自民党同士が争うことをなくし、選挙区の公認決定を幹事長に持たせることで、自民党議員が中央の意見に従う体制をつくったのである。以前の中選挙区制下であれば、自民党議員は選挙で勝利するには、自民党政権の意に反することも言って当選を果たしてきたが、「政治改革」は、そうした自民党議員の地元との密着を断ち切ろうとしたのである。

「政治改革」の結果、一九九六年、橋本政権が、財界の期待を受け、新自由主義改革を実行する本格政権として登場したが、社会保障費削減などの財政削減に加え消費税増税を強行した結果国民の非難を受けてあっけなく倒れ、その後国民をなだめて自民党政権を維持するため、小渕恵三、森喜朗政権が挟まったため、財界のフラストレーションはたまった。

小泉新自由主義改革

"新自由主義改革と財政再建＝大企業への減税なくして経済回復はない" という財界の強い要求を受けて、急進的新自由主義改革を遂行したのが小泉政権であった。[9]

小泉政権は、まず、企業支配の再編に手をつけた。「不良債権処理」の名の下に、政権は、企業体質の「改善」――そのため企業に過酷なリストラを求め、先に述べたように、「平時」では考えられないような大規模なリストラ、非正規化の嵐が吹き荒れた。新規学卒の雇用も制限され非正規雇用が占める「就職氷河期」がつくられた。

小泉政権は第二の柱も強行した。社会保障、とりわけ医療、年金、介護の再編が強行され、教育でも「スリム化」が進められた。

なんといっても小泉政権の代名詞のようになったのは、「地方三位一体改革」の名の下に進められた、地方財政・行政の大リストラであった。これは、九〇年代に進められた「地方分権改革」「地方行革」の流れを継ぎ、それを徹底したものであった。

地方自治体に対する財政は、社会保障費と並んで、大きな支出先であった。そのため、新自由主義改革は当初から、地方自治体の削減をねらったのである。九〇年代初頭から、行政改革は、「国から地方へ、地方から民間へ」を合い言葉に進められた。社会保障など従来国が責任を持ってきた行政部門をまず「地方」に降ろし、地方自治体財政を絞ることで、今度は、地方自治体の業務を民間に移譲するという二段構えの改革であった。すぐ後でふれる、保健所の削減もこうした「地方行革」の一環で行なわれたものであった。

地方構造改革は、そうした「地方行革」を継いで、地方自治体に交付されてきた国庫補助金と交付税交付金を削減し、代わりにわずかな「自主財源」を認めて、地方自治体に、どの部門を削減するかの「裁量権」を与える改革であった。この地方構造改革に加え、小泉政権期には嵐のような「平成の大合併」が行なわれ、市町村の行政の統廃合が進められた。

さらに小泉政権は、「民営化」、「規制緩和」の名の下に、新自由主義政治の第三の柱も強行した。「郵政民営化」はその象徴であった。

こうした急進改革を強行するため、小泉政権は、既存官僚機構、自民党政治を再編する「官邸主導」の強権体制を敷いた。復活安倍政権の「官邸主導」、強権政治は小泉政権に「学んだ」ものであった。

貧困化・矛盾の爆発と民主党政権　小泉新自由主義改革は一方で、トヨタをはじめとしたグローバル企業の利潤の増大をもたらしたが、他方、貧困、非正規の増大、家族の崩壊という新自由主義の矛盾を劇的に顕在化させた。「ワーキングプア」という言葉が流行語大賞にノミネートされた。

それに対して、反貧困・反新自由主義改革の運動が盛り上がり、反新自由主義に転じた民主党の躍進と政権交代を生んだのである。民主党はもともと、自民党と並んで日本に保守二大政党体制をつくる野望をもって結党され、二〇〇〇年代前半までは新自由主義の急進的実行を掲げていたが、新自由主義の矛盾が顕在化した二〇〇六年を境に――その転換は小沢一郎の党首への就任を契機としている――反新自由主義の方向を強く打ち出した。とりわけ、二〇〇七年の参院選で、民主党はマニフェストに、こう謳った。

「この六年間、小泉政権、そして安倍政権の下で行われてきた『改革』とは、結局のところ、強い者だけが生き残り、弱い立場の人たちに負担を押しつけることでしかなかった。

実際、小泉・安倍政権の下では、増税や社会保険料の引き上げなどが次々に行われ、国民の負担は増える一方だ。

他方、天下りや税金のムダづかいは相変わらず横行している。

その結果、日本中に様々な生活格差が生まれた。

所得、雇用、教育、医療、介護の格差、そして地方と中央との格差――。

このような格差を広げ、社会の歪みを放置している政治は、『政治』の名に値するだろうか。」


これは民主党の反新自由主義宣言であった。この参院選で民主党は二九(――当時。現在は過疎化がすすんで三二)の一人区で実に二三勝し、安倍首相を辞任に追い込んだだけでなく、民主党政権への足がかりをつくったのである。多くの国民は民主党政権に、新自由主義政治の停止と福祉の拡充を期待したのである。

ところが、その民主党政権も、財界の圧力を受けて、新自由主義に回帰し「税と社会保障の一体改革」を掲げ、自民党、公明党と消費税引き上げで合意するに及んで、民主党政権の裏切りへの不信から、再度の政権交代が起こり、ふたたび政権の座に就いたのが安倍晋三であった。

安倍新自由主義政治とは？

では安倍政権の新自由主義政治はどんな特徴があるのであろうか。安倍政権の新自由主義の最大の特徴は、新自由主義の矛盾爆発後の新自由主義、新自由主義の被害を味わった国民を相手に新自由主義を再稼働・強化することをめざしている点にある。(10)

先に見たように、小泉政権は、大量の非正規労働者を創出するとともに、社会保障費の削減を行なった。しかし、こんなことをいきなり繰り返せば、復活安倍政権は、あっという間に倒れてしまう。そこで、安倍政権は、新自由主義でいたんだ地方に対する財政出動を行ない「カンフル注射」をうったうえで、新自由主義を再稼働しようとしたのである。

三・一一東日本大震災時にも、機敏な財政出動が求められたが、当時の民主党菅直人政権は、財政の肥大化を嫌う財界に手を縛られて迅速な財政出動はできなかった。それに対して安倍政権は、「震災復興」「国土強靱化」という名目で大規模な財政出動を行なったのである。

しかし、新自由主義の被害に対する財政出動といっても、それは、決して福祉国家方策——被害者への直接の補償や壊された社会保障制度の再建——ではなく、利益誘導型政治に沿ったものであり、社会保障費の増額ではなく、「国土強靱化」などの土木・公共投資にむけられた。そのため、社会保障費は安倍政権下においても、依然、削減の対象になったのである。

同時に、安倍政権は、こうした財政出動により国民の怒りをなだめたうえで、新自由主義の再稼働と本格的強化に踏み出した。再び、社会保障費、そのなかでも大きな比重を占める医療費の削減や「働き方改革」の名の下での労働力流動化、規制緩和が強行された。それだけでなく、安倍政治の下で、公的社会保障部門を削減し、資本に新たな市場を提供する、新自由主義政策がとられるようになったのである。筆者はこれを「後期新自由主義」と呼んでいる。

このように、一九九六年橋本政権以来ほぼ四半世紀にわたる新自由主義政治により日本の社会や社会保障が大きなダメージを受けたところに、新型コロナが襲ったのである。

あらかじめ確認しておかねばならないのは、新自由主義政治によって日本社会は新型コロナ蔓延のはるか前から、深刻な破綻と困難を抱えていたということである。新自由主義の破綻はコロナで露呈したわけでは決してなかった。ただ、コロナはそれを劇的に顕在化したのである。

二　安倍新自由主義政治はなぜ新型コロナへの対処の無力を露呈したのか？

では一体、新自由主義政治がいかなる形で、新型コロナ対策の無力を露呈し、日本社会に打撃を与えたのであろうか、その点を次に検討しよう。

最初に強調しておきたいのは、新型コロナ対策の破綻や困難の拡大は、安倍個人の失敗もさることながら自民党政治、安倍政治が四半世紀にわたって進めてきた新自由主義の構造が生んだものであり、したがってその是正は、安倍の首をすげ替えるだけではできず、新自由主義政治そのものを転換しなければならないということである。

新型コロナとの関係でいうと、新自由主義政治は、六つの領域で、日本の社会や政治に大きな打撃を与え、新型コロナを迎え撃つ日本社会に困難をもたらした。

1 新自由主義政治は、新型コロナに立ち向かう医療体制を壊した

(1) 安倍、医療新自由主義改革の決め手「地域医療構想」が病床の削減を強行

新自由主義政治が目の敵にしたのは、社会保障費、とりわけ、年金や医療費であったから、橋本政権以来、さまざまな形でこれら費用の削減が強行されてきた。安倍政権になって以降も、この動向は続いたのみならず新たな段階に入った[11]。

都道府県に医療費削減の責任を負わせるやり方

安倍政権の医療新自由主義改革の特徴は、医療費の削減を、政府が上から命令してやるので

はなく、都道府県の責任で遂行させるという方式を採ったことである。厚労省が上から「改革」を押しつければ、地方自治体が反発することを見越して、地方自治体に「汚れ作業」を押しつけるやり方である。地方自治体を新自由主義改革の財政支出削減の執行者にするというやり方は、小泉政権の新自由主義改革で採用されたやり方であったが、それが安倍政権下で、ふたたび大規模に遂行されたのである。

安倍改革では、医療費を絞り込むのに、保険制度と医療提供体制の両面から、都道府県を通じて、新たな削減の仕組みがつくられたのである。

保険制度面での改革は、二〇一八年に実現した国民健康保険の都道府県化であった。それまで、市町村ごとに管理してきた、国民健康保険管理を都道府県に集約することで、都道府県の責任で国保財政の赤字を調整し「給付と負担のバランス」をとらせようというのである。都道府県に「医療費適正化計画」を立てさせ、給付の削減と負担の増加により国保支出の削減を担わせるというものである。

では都道府県はどうやって国保の給付を減らすのか、また全体で、どうやって医療費を削減するのか、そのためには医療提供体制改革が不可欠である。こうして出てきた安倍医療提供体制改革の決め手が「地域医療構想」であった。

「地域医療構想」

「地域医療構想」は、二〇一四年医療・介護総合確保推進法で打ち出されたもので、団塊世代が全員、後期高齢者になる二〇二五年――厚労省は〝このまま医療費が伸びれば医療制度は破綻に頻する〟という――を目標に、都道府県に病院のベッドを削減する「地域医療構想」を立てて実行させることで医療費抑制を図ろうというものである。政府は、都道府県に「地域医療構想」の策定を義務づけ、都道府県は二五年までに必要な病床数を推計し、現在ある病床の削減と機能転換を図るというものだ[12]。

そもそも、医療費のうち、大きな比重を占めるのは入院費である。そこで新自由主義改革は、病床を減らすことでむやみに入院患者が増えることを抑制しようとする、また入院期間をできるだけ短縮することで医療費抑制を図ろうとしてきた。地域医療構想はそれを徹底し、都道府県の「自主性」によって、それを貫徹させようというのである。そして、構想は、入院できない患者は地域で面倒をみるという「地域包括ケアシステム」と連動した、新自由主義の医療―介護体制をつくろうというものであった。

しかも病床をただやみくもに減らすのでなく、とくにカネもヒトもかかる高度急性期病床や急性期病床を回復期病床に転換することで、医療費の削減に結びつけようとしたのである（図表1）。

図表1　４つの医療機能の名称およびその内容

医療機能の名称	医療機能の内容
高度急性期機能	○急性期の患者に対し、状態の早期安定化に向けて、診療密度が特に高い医療を提供する機能。 ※高度急性期機能に該当すると考えられる病棟の例 救命救急病棟、集中治療室、ハイケアユニット、新生児集中治療室、新生児治療回 復室、小児集中治療室、総合周産期集中治療室であるなど、急性期の患者に対して診療密度が特に高い医療を提供する病棟
急性期機能	○急性期の患者に対し、状態の早期安定化に向けて、医療を提供する機能。
回復期機能	○急性期を経過した患者への在宅復帰に向けた医療やリハビリテーションを提供する機能。 ○特に、急性期を経過した脳血管疾患や大腿骨頸部骨折等の患者に対し、ＡＤＬの向上や在宅復帰を目的としたリハビリテーションを集中的に提供する機能（回復期リハビリテーション機能）。
慢性期機能	○長期にわたり療養が必要な患者を入院させる機能。 ○長期にわたり療養が必要な重度の障害者（重度の意識障害者を含む）、筋ジストロフィー患者又は難病患者等を入院させる機能。

出所：厚生労働省「地域医療構想について」「医療従事者の需給に関する検討会・第1回理学療法士・作業療法士需給分科会」2016年4月22日、2頁より。

政府の見積もりでは、二〇一四年に一三四万七〇〇〇床あった病床を二五年には一一九万一〇〇〇床へ一五万六〇〇〇床削減する、とくに高度急性期病床は、一九万床から一三万床へ、急性期病床も、二〇万床余りを削減し、その一部を回復期病床に転換させようというものであった（図表2）。

当然、この病床削減と病床の機能転換によって、医師数や看護師数も減らすことが計画された。

この構想を達成するために、都道府県は、各病院に「病床機能報告」を求め、それを踏まえて、複数の市町村を組み合わせた二次医療圏ごとに「地域医療構想調整会議」を開いて、地域ごとの責任で病床削減と機能転換をはかろうとしたのである。

政府は、この地域医療構想の実行を監督するために、新自由主義の司令塔「経済財政諮問会議」で出す「骨太」方針、「骨太２０１７」「骨太２０１８」でくり返し、その実行を督促してきた。

経済財政諮問会議の圧力、四二四病院の公表

ところが、地域で「自主的に」必要病床を検討すれば、当然のことであるが、厚労省のもくろみどおりの削減数が出てくるはずはない。地域によっては、かえって病床を増やすところさ

図表２　2025年の医療機能別必要病床数の推計結果（全国ベースの積上げ）

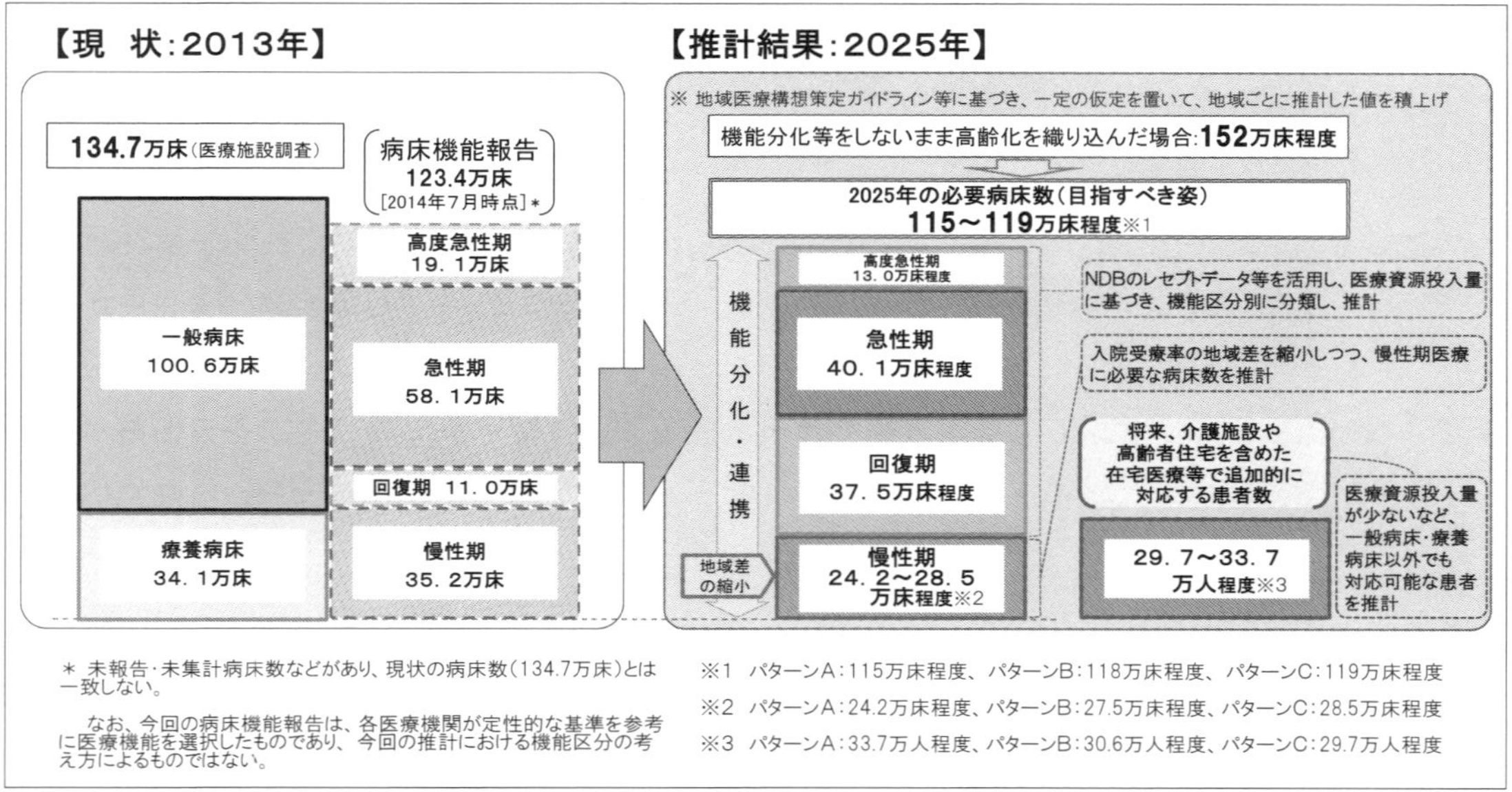
【現　状：2013年】
134.7万床（医療施設調査）
一般病床
100.6万床
療養病床
34.1万床
病床機能報告
123.4万床
[2014年7月時点]＊
高度急性期
19.1万床
急性期
58.1万床
回復期　11.0万床
慢性期
35.2万床
【推計結果：2025年】
※ 地域医療構想策定ガイドライン等に基づき、一定の仮定を置いて、地域ごとに推計した値を積上げ
機能分化等をしないまま高齢化を織り込んだ場合：152万床程度
2025年の必要病床数（目指すべき姿）
115〜119万床程度※1
機能分化・連携
地域差の縮小
高度急性期
13.0万床程度
急性期
40.1万床程度
回復期
37.5万床程度
慢性期
24.2〜28.5
万床程度※2
NDBのレセプトデータ等を活用し、医療資源投入量に基づき、機能区分別に分類し、推計
入院受療率の地域差を縮小しつつ、慢性期医療に必要な病床数を推計
将来、介護施設や高齢者住宅を含めた在宅医療等で追加的に対応する患者数
29.7〜33.7
万人程度※3
医療資源投入量が少ないなど、一般病床・療養病床以外でも対応可能な患者を推計
＊ 未報告・未集計病床数などがあり、現状の病床数（134.7万床）とは一致しない。
なお、今回の病床機能報告は、各医療機関が定性的な基準を参考に医療機能を選択したものであり、今回の推計における機能区分の考え方によるものではない。
※1　パターンA：115万床程度、パターンB：118万床程度、パターンC：119万床程度
※2　パターンA：24.2万床程度、パターンB：27.5万床程度、パターンC：28.5万床程度
※3　パターンA：33.7万人程度、パターンB：30.6万人程度、パターンC：29.7万人程度

出所：厚生労働省、前掲「地域医療構想について」７頁より。

え出てくる。地域医療構想調整会議で議論しても、厚労省が望むような病床削減計画はできなかったのである。

焦った政府・財界は、経済財政諮問会議で動いた。「骨太２０１９」の作成を前にした、二〇一九年五月三一日の経済財政諮問会議に、経団連会長の中西宏明、竹森俊平（あの新型コロナの基本的対処方針等諮問委員会の委員になっている）ほか四人の民間議員――つまり財界代表が意見書「新経済財政再生計画の着実な推進に向けて」をだし、地域医療構想の計画の遅れを指摘し、厚労省を叱責したのである。

意見書の第一は「都道府県が主体的な役割を果たすガバナンスの確立を」と題して、「都道府県」をこうなじったのである。

「病床機能ごとの病床数の見込みは、地域医療構想における二〇二五年の病床の必要量と比べて大きな開きがある。また、ほぼ全ての公立病院等において具体的対応方針が取りまとめられたが、全体として二〇二五年に達成すべき病床数等に沿ったものとなっていない。……二〇二五年において達成すべき医療機能の再編、病床数等の適正化に沿ったものとなるよう、適切な基準を新たに設定した上で、期限を区切って見直しを求めるべき。民間病院についても病床数の削減・再編に向けた具体的な道筋を明らかにすべき。」[13]（傍点引用者）だと。

注目すべきは、民間議員は、病床削減の一番手に、公立・公的病院を挙げ、さらに、民間病院も容赦はしないぞと脅していたことである。

この圧力を受けて厚労省は、二〇一九年九月になって、病床機能転換と削減を促すため、構想実現の最初のターゲットとなっている公立・公的病院のうち、「無駄」が多く「非効率で」削減が必要な病院として四二四病院の公表[14]に踏みきったのである。

名指しされた四二四病院の多くは、地方の中小公立・公的病院で地域医療の拠点でもあった。「四二四問題」に対し、ただちに、医療運動や労働運動、自治体の反撃が始まった。都道府県知事も反対を表明した。しかし、厚労省は、これらの声を受け「再検討する」と称して、二〇二〇年一月一七日になっても病院を外し、新たに二〇施設を加え、再編統合を求められる病院は四四〇病院にのぼった[15]。そして、厚労省は、二〇二〇年九月をメドにこれら名指しした病院に関する回答を求めると言明したのである。

こうして、病院病床削減をめぐる攻防が頂点に達したところで、新型コロナが襲ったのである。

コロナ対処の拠点、公立病院と高度急性期病床

実は、厚労省が〝効率が悪い〟と目の敵にしている公立・公的病院は、あとで検討する、感

染症指定病院のほとんどを占めている。現在ある感染症指定病院三六七病院のうち、実に三四六病院は公立・公的病院であり、その比率は九四％に及ぶ[16]。

しかも感染症指定病床は、あとでみるように、お話にならないほど少ないため、コロナ治療のために病床をつくらなければならなくなっているが、コロナ治療用に転換できる病床は、ほかでもない、厚労省が目の敵にしている高度急性期・急性期病床なのである。

つまり、安倍新自由主義改革で感染症治療の要を担うべき高度急性期、急性期病床、公立・公的病院が大削減の対象となっているところに、新型コロナが襲ったのである。

コロナ蔓延とほぼ同時に医療逼迫、病床確保の困難が問題化したのは、安倍政治の必然の結果であった。

(2) 新自由主義マインドのもとコロナに立ち向かう感染症病床は致命的不足

こうした病院、病床全体の削減に加えて、日本では感染症病床の致命的不足が当初から指摘されていた。

感染症病床の不足はどうして起こったのであろうか。これは、大きな流れとしては、新自由主義の病床削減マインドの下で生じたことであった。

しかし、感染症病床削減は、地域医療構想による病床削減とはやや異なる要因から起こった。

日本で感染症病床の大激減が起こったのは、一九九八年の感染症法の制定[17]によってであった。感染症法は、それまで明治期以来感染症の基本法であった伝染病予防法を廃止し、結核予防法など感染症の単行法を統一して、感染症対策の基本法として制定された、その意味では画期的な法律であった。そこでは感染症を一類から五類に分類し、それぞれに対応する医療機関と必要な基準病床の数を法定したのである。

ところが、感染症法で打ち出された必要病床数は、それまで日本で感染症治療に当たってきた医療機関や病床を大幅に下回るものであった。

なぜ感染症法はかくまで少ない病床数を指定したのであろうか。おそらく一つは、〝日本では感染症の時代はもう終わった〟、感染症パンデミックは起こらないという想定があったことである。

もう一つはそれとオーバーラップするように、あまり使わない病床はなるべく減らしたいという新自由主義の削減マインドが厚労省を強く覆っていたことである。なぜなら、感染症病床こそ、厚労省が嫌う「空きベッド」の最たるものだったからである。感染症病床は、いざというときにすぐ使用することが求められているため、常に空けておかねばならず、またそうした感染症病床はいつ使われるかも全く予想できない代物であったからである。

実は感染症法の制定以降、感染症のパンデミックは起こらないだろうという厚労省の予測を裏切って世界ではあたらしい感染症のパンデミックが相次いだ。[18] 二〇〇二年にはＳＡＲＳ、二〇〇九年には新型インフルエンザ、二〇一二年にはＭＥＲＳ、二〇一四年にはエボラ出血熱などであった。その度に日本でも専門家から感染症病床の拡充が求められたが、幸い日本では、どの感染症も大流行とはならなかったこともあって、拡充の要請は無視され続けたのである。

その結果、一九九八年には、感染症病床を持つ病院は全国四一〇病院、病床は九〇六〇あったのが、なんとコロナの前年、二〇一九年には、一七八五病床へと激減していたのである。

同じく、感染症の流行では、重篤な感染症患者を受け入れることになるＩＣＵも、先にふれた地域医療構想のなかで二〇一三年の二八八九床が一九年には二四四五床へと減り、新型コロナ流行後の四月に出された「日本集中治療医学会」の理事長声明は、人口一〇万人あたりのＩＣＵの病床数は、ドイツの二九～三〇床はおろか、すでに医療崩壊を起こしていたイタリアの一二床と比べても少ない五床程度、と指摘し、「これはイタリアの半分以下であり、死者数から見たオーバーシュートは非常に早く訪れることが予想されます」と警鐘をならしていた。[19]

このように、病床数の削減、「効率化」に執着する日本では、感染症病床がまったく不足していたのみならず、新型コロナの治療に回せるＩＣＵも著しく不足するなかで、新型コロナに襲われたのである。

2　新自由主義政治は、新型コロナ対処の最前線、保健所を縮小・再編した

(1)　新自由主義改革の下で保健所、地方衛生研究所の人員、予算削減

第二に指摘したいのは、新自由主義改革の下で、日本で感染症の発見、予防の最前線に立ってきた保健所、地方衛生研究所の統合・削減が進行したことである。[20]

保健所は、日本が日中全面戦争に突入した一九三七年、兵士の供給源である地方の公衆衛生の充実のねらいも込めて創設された。敗戦と占領下に、ＧＨＱによる公衆衛生の抜本強化の方針の下、一九四七年保健所法が制定され、保健所は、戦後公衆衛生の中心機関として活動することとなったのである。

保健所は、自民党政権の下で、高度成長期にあっても、常に予算、人員不足に悩まされたが、それでも保健所は、感染症の蔓延を抑える大きな力を発揮してきた。

ところが、九〇年代以降の新自由主義政治は、保健所にも大きな影響を与えた。一九九四年に制定された地域保健法で、その集中・統廃合が促進され、保健所の削減が一気に進められたのである。

一九九四年に八四七ヶ所あった保健所は、二〇二〇年には四六九ヶ所へと、ほぼ半減したの

図表3　保健所数の推移

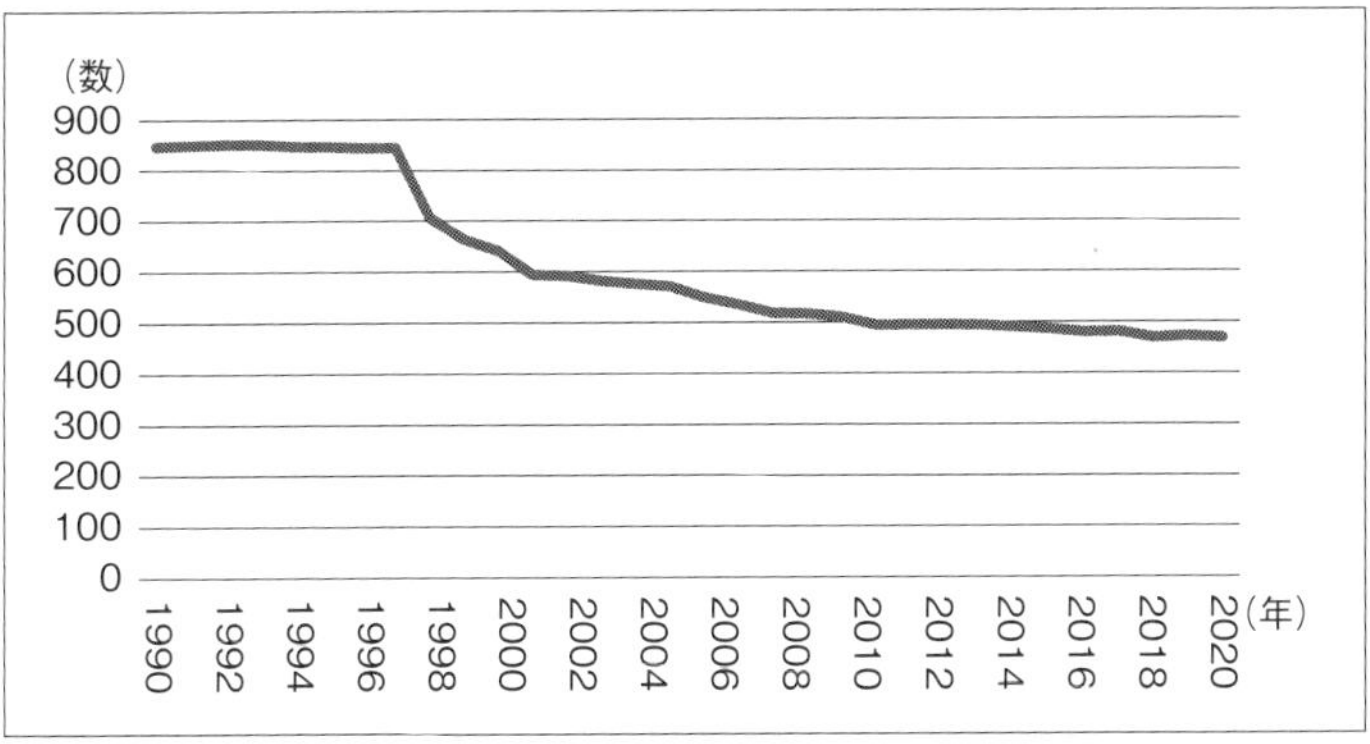

出所：厚生労働省健康局健康課地域保健室調べ。

である（図表3）。この削減は、地域保健法が、保健所を「地域保健の第一線」から広域的、専門的支援機関へと変えたことにより進行した。保健所が従来担っていた検査や感染症対応は、市町村でつくる地域保健センターへ移管するとされたのである。

ところが、地方構造改革によって、市町村はカネを削られていたため、市町村立の地域保健センターに、医師、保健師、看護師、検査技師などを十分に配置することなどは、とうてい無理であった。

また、保健所から回ってきた検査を実際に実施してきた「地方衛生研究所」も、新自由主義改革で人員、研究費が削減され、検査能力が落ち込んだ[21]。

さらに、地域保健法で、保健所は、公衆衛生、感染症対策のみならず、精神保健や障害者対応、児童虐待、介護、福祉、そのケア、災害時の備えまでも担当することとされた。すでに、保健師を中心とする保健所職員は、コロナ以前から業務逼迫が深刻化していたのである。[22]
こうして、新自由主義改革の下、保健所の統廃合、削減がすすめられ、衛生研も予算削減、人減らしが進んだが、公衆衛生の分野は、同じく新自由主義改革で削減が進められた保育や介護分野とは異なり、利潤の対象となる旨みはないため、民間資本の参入もなく、ひたすら弱体化が続いたのである。

(2) 地方構造改革、市町村合併、財政削減で保健所統廃合に拍車

しかも注目しなければならないのは、小泉政権期以降、先に指摘したように、地方自治体では、「地方構造改革」の名の下、地方行財政の削減が強行され、その一環で保健所統廃合も加速されたことである。

地方財政支出は、社会保障費と並んで財政の大きな部分を占めており、そのため、新自由主義政治は、地方自治体への支出の削減にも意欲を燃やした。

小泉政権が取り組んだ「三位一体改革」[23]は、地方に支出されていた補助金、地方自治体間の格差を埋めるための地方交付税交付金を削減し、代わりに「自主財源」を「拡充」することで地方財政支出の総額を削減し、地方自治体に、どこを削るかの判断権を与え、自治体自らの責任と裁量で地方行財政の削減に取り組ませるという手法をとったのである。

それに加えて、小泉政権は、「平成の大合併」を強行し、合併を機に、公務員の削減、自治体スリム化を敢行した。こうした、地方構造改革、合併のなかで、どの自治体も住民福祉部局の削減に手をつけざるをえなくなった。最初に手をつけられたのが、公衆衛生、災害対策、児童福祉などであった。

しかも、地方自治体のなかから新自由主義改革に積極的に取り組む首長が現れ、「財政再建」の名の下、大胆な削減を強行したのである。

たとえば、大阪は維新府政の下で、こうした削減が強行された。二〇一七年には、府立公衆衛生研究所の独立行政法人化がなされ、また病床削減、保健所統廃合、保健師削減などが強行され、その結果、大阪府は、感染症病床数や保健師数で全国ワースト二位に転落したのである。(24)

こうして保健所、地方衛生研が削減・統廃合であえいでいる下に、コロナが来襲した。そうでなくともアップアップだった保健所は、保健所職員の奮闘にもかかわらず、新型コロナ蔓延と同時に、業務がパンクし、ＰＣＲ検査が滞る事態に陥ったのである。

3　新自由主義による賃金削減、非正規化、社会保障の削減で働く人々に打撃

新自由主義が日本社会に与えた困難の第三は、新自由主義の第一の柱たる雇用の破壊と賃金

切り下げがもたらした困難である。

正規雇用の解体、非正規労働者の増加

企業社会と自民党政治の下で、高度成長期にあっても、雇用保険をはじめとする社会保障は脆弱なままにおかれたが、九〇年代に入ると、日本の経済成長の原動力であった企業支配と「日本型雇用」も企業にとっては桎梏となり、日本型雇用の解体による[25]労働力の流動化が推進された。

もはや桎梏となった正規従業員を大量にリストラし、賃金を抑え、雇用調整にも便利な非正規労働者への置き換えが本格的に進められたのは、先に述べたように、小泉政権の時代になってからであった[26]。

同時に、小泉政権は、新自由主義の財政削減の見地――第二の柱に基づいて、雇用保険の失業給付の削減や生活保護受給要件の厳格化など、企業を追い出された労働者が人間らしい暮らしを維持するための社会保障制度の改革も遂行した。

復活安倍政権下の雇用・新自由主義改革と新型コロナ

復活安倍政権は一方で、大規模な財政出動によって雇用の創出を図り財界への賃上げ要請や

最賃引き上げをいう一方、「働き方改革」の名の下、労働時間規制のさらなる緩和など、停滞していた雇用の新自由主義化を推進し始めた[27]。

こうした労働の状態の下で、すでにコロナ前から、長労働時間による「過労自殺」や非正規労働者の困難が鬱積していたところへコロナが襲ったのである。

そのため、新型コロナの自粛、経営危機の下で、女性、非正規中心の大量の休業、しかも休業手当抜きの休業が拡大した[28]。また、非正規労働者への雇い止め、解雇が発生し、失業が大量化したのである。厚労省調査でも、五月下旬に一万人を超えた解雇、雇い止めは、九月下旬には六万人を超えた。そのうち非正規労働者は、二万九〇〇〇人余り、四八％を超えた[29]。

ヨーロッパ諸国でも、同様の事態が起こったが、ドイツなどでは福祉国家の下での雇用保障、生活保護などが新自由主義改革にもかかわらず残っており、それが発動した。ところが、日本では、企業の危機に際して、従来から脆弱な社会保障制度の新自由主義的削減による欠陥が一気に露呈したのである。

労働組合や野党の追及によって、政府はさまざまな特例措置を講じたが、この期限の切れる九月以降、休業から解雇への動きが大量に起こることが予想された。政府は、特例措置を一二月末まで延長せざるをえなかったが、ここに、新自由主義政治の結果がもろに現れたのである。

4　新自由主義の規制緩和による介護、保育施設の困難、中小零細企業の危機

新自由主義第三の柱である規制緩和も、新自由主義の他の柱とセットで、日本社会にさまざまな困難をもたらしている。

介護・保育園の困難

まず注目しなければならないのは、規制緩和と新自由主義第二の柱である社会保障費削減の複合汚染によりコロナ前から困難を抱えていた介護施設や保育園が、コロナ渦で破局的事態に直面したことである。

とくに、介護は、規制緩和と介護保険の公的資金投入の抑制システムの下、ホームヘルプサービスとくに生活援助の抑制が続けられ、すでに長年にわたりホームヘルパーはじめ介護労働者が人手不足と過酷な労働を強いられ、また介護施設も劣悪な環境の下での経営を余儀なくされてきた。ただでさえ、経営が苦しく負担の過重の下でコロナが襲ったため、ホームヘルパーはじめ介護労働者は、クラスター発生の危険に直面しながらの介護を強いられ、また、デイサービス利用者の減少により介護施設は一気に経営危機に直面したのである。[30]

規制緩和によって、施設基準の引き下げや保育士の削減をされてきた保育園も、同様の困難を抱えた運営が強いられてきた。狭い施設で、多くの子どもたちを抱え従来から密集状態を余儀なくされ、一人ひとりのケアもたいへんな事態の下で、コロナが襲ったのである。

零細企業、自営業の危機

規制緩和によって、スーパーやコンビニなど大手資本の進出で経営の危機と破綻に追い込まれていた中小零細企業、自営業にも、コロナは困難を倍化した。コロナ蔓延の下で、飲食店、自営業などはたちどころに経営危機に陥り、コロナ蔓延防止のための休業自粛要請に際しても、――この点はあとでもう一度ふり返るが――政府は、「補償」をかたくなに渋ったため、経営危機から閉店、倒産に追い込まれる店が続出した。

自由貿易体制の所産

おまけに、多国籍企業の世界進出のために強行された、WTOやTPPなどによる自由貿易体制の結果生じた国内生産の縮小・海外依存が、コロナ蔓延の下で「思わぬ」困難を生んだ。

グローバル企業は、九〇年代以降拡大した自由市場に殴り込みをかけ、その競争に勝ち抜くため、新自由主義を求めると同時に、多国籍企業が他国に進出しうるためにも、自由貿易と国内での規制緩和を強く促してきた。こうした自由貿易体制は自動車など、日本の巨大多国籍企業の海外殴り込みには不可欠の前提であったが、自由貿易・「国際分業」がすすむにつれ、低賃金労働力を武器とする中国や途上国での商品が市場を席捲するようになり、国内の中小零細企業は困難に陥った。とりわけ、安倍政権になって、TPPやEUとのEPAなどの締結が促進され、この傾向は加速化した[31]。

こうして、小麦や農産物のみならず、マスク、防護服、アルコール製品なども、中国を中心とする外国製品に淘汰されてきたのである。

ところがコロナの蔓延によって突如、こうした製品輸入がストップし、市民用はおろか、医療現場になんとマスクや防護服がなくなるというとんでもない事態が現出したのである。

あの悪名高い、「アベノマスク」も大手商社を通じて調達することを図ったが、商社は、なんのことはない、中国企業などからの輸入により調達せざるをえなかったから、中国政府によるマスク輸出禁止——中国政府はそのマスクを自らの影響力拡大と権益確保のため途上国等に配布した——の波を逃れることはできなかったのである。マスク不足に直面して、市場の拡大に期待していくつかの企業が参入したが、多くの企業は「中長期的には供給過剰で価格競争に巻き込まれる」ことを恐れて、新規の設備投資に慎重であるため、国内生産の定着は望めない状態が続いている。そのため、二〇年五月には、輸入医療用マスクのうち中国製が占める割合は、一月より一六ポイントも上昇して、実に九六%[32]という事態になっている。また、コロナ危機に直面して、ロシアやベトナムなどの農産物輸出大国が、自国用を確保するために、小麦など食料の輸出にストップをかけた。[33]幸い、コメは、マスクと違って不足にはならなかったものの、「グローバル経済」「自由貿易体制」がいかに国民経済にとってはゆがんだシステムであるかが思わぬ形で明らかになったのである。

5　地方構造改革・「平成の大合併」による地方財行政削減で自治体の変質

新自由主義政治は、地方自治体への過酷な「改革」により、地方自治体の行・財政力量の低下をもたらした。

(1)　地方のリストラによる行・財政能力低下

先にふれたように、小泉構造改革の一環としての「三位一体改革」で、地方財政能力は大きく後退し、それに加えて、「平成の大合併」により、地方自治体の部局、職員の統廃合・削減が進んだ。とくに福祉、災害対策、公衆衛生などの部局は、「不要不急」とされ、まっさきに削減の対象となった。また地域の自治体病院の統廃合も財政上の見地から進められた。

こうした地方の行・財政力量の低下は、さまざまな弊害を顕在化した。その典型例は、三・一一東日本大震災において地方自治体や住民が被った被害であった。

しかも安倍政権は、「地方創生」の名の下に地方の新自由主義改革を一層推進したのである。[34]

新型コロナは、新自由主義で弱ったこれら自治体を襲ったのである。地方自治体はがんばっているにもかかわらず、コロナへの迅速な対策が遅延せざるをえないのは、こうした地方自治体の新自由主義改革、地方部局や公務員の削減の結果であった。

国会での追及や自民党、公明党の圧力で急遽、政府は一〇万円の特別定額給付をうちだした。ところが、この支給は遅れに遅れた。政府はこれをデジタル化の遅れのせいにするが、その根本原因は、地方公務員のリストラによる人員の圧倒的不足と、合併による自治体の広域化のため行政が地域をカバーできなくなっている結果である。

厚労省の度重なる督促にもかかわらず一向にすすまないPCR検査、コロナ対策で苦しむ医療機関への財政的手当のための重点医療機関の指定の大幅な遅れ――東京都などは未だに重点医療機関の指定ができていない――などはその一例にすぎない。

(2) 地方自治体を新自由主義改革の尖兵に――先頭切った東京都政、大阪府政

安倍政権の手で、地方自治体構造改革はさらに一歩進められた。地方自治体を、こうした政

府の新自由主義改革を「自主的に」担う新自由主義改革の尖兵にしようという政策である。安倍政権の下で推進された「地域医療構想」がその例である。

こうした新自由主義政策に呼応して、むしろ新自由主義政策を「自覚的に」担い、政府にハッパをかける自治体が現れてきた。こうした新自由主義自治体は、精力的に、住民福祉の諸制度を削減するだけでなく、政府のグローバル企業支援政策に乗って、新自由主義的都市構想を打ち出してきた。

石原都政以来小池都政に続く東京都政も、こうした新自由主義自治体の先頭を行く自治体である。小池都政のコロナ対策の遅れと無力は、こうした新自由主義自治体が、住民の命と暮らしの擁護者であることを放棄してきた結果にほかならない。

6　新自由主義政治遂行のための官邸主導、議会制民主主義の劣化

新自由主義と「強い国家」

先に指摘したように、新自由主義政治は、その遂行により労働者や女性、高齢者をはじめ、国民諸階層に打撃を与えるため、国民の反発のみならず既存の官僚・議員からも懸念と抵抗が絶えない。そのため、どこの国でも新自由主義の遂行のために権威的政治手法が採用され、既

存制度の反民主的再編が必ずついて回る。早くから新自由主義の政治を分析した、アンドリュー・ギャンブルがサッチャー政権の新自由主義を分析した自著を『自由経済と強い国家』[35]と題したのは、新自由主義と権威的政治システムの不可分の関係を念頭においたものであった。

小泉政権の官邸主導

日本でもそれは例外ではなかった。新自由主義を本格的に遂行した小泉政権は、新自由主義を強行するために、議会軽視にとどまらず、既存の政治・行政の存続を望む官僚機構、地域の利益団体と結びつく自民党の影響力も遮断することを精力的に行なった。

こうした思惑に沿った小泉政権のとった体制が「官邸主導」[36]であった。

既存の自民党政治は、財政の大枠は財務省が政府の意も汲んで策定し、その枠を踏まえて、自民党政調会の部会が、自民党族議員を通じて地域の要求、意思を汲み上げ、官僚も呼んで利益配分を行なう形をとってきた。このシステムの下では、予算の編成に際して、常に既存業界の意思がまた地域の利害が反映する仕組みとなっていたから、新自由主義が求める財政の大胆な削減などは極めて難しかった。

そこで小泉は、財政を伴う政府の方針の大綱を官僚や自民党のボトムアップで決めさせないために、審議会を活用し、その決定という形で、官僚や自民党に命令する体制をつくったのである。小泉が、こうした新自由主義の司令塔としたのが、「経済財政諮問会議」であった。

小泉「官邸主導」のねらいは、第一に、新自由主義改革に何かとクレームをつける国会の介入を排除するという意味を持っていた。

第二に、「官邸主導」は、官僚機構、とりわけ予算編成を通じて自己の意思を貫徹する財務省から権限を奪うことであった。

「官邸主導」は、第三に、地域の利害とりわけ、地元の利益団体の要求——しばしば、それは新自由主義の財政削減、規制緩和の妨害物であった——を担う自民党や公明党の意思を排除する体制をつくることであった。

安倍政権の「官邸主導」と腐敗、堕落の深刻化

安倍政権は政権の座について新自由主義を再稼働するにあたり、小泉政権期の官邸主導を受けつぎ、かつそれを強化した。

安倍の官邸主導体制強化の新味は、安倍政権の新自由主義政治の特殊性に基づいていた。一つは、司令塔が複数になったことである。小泉政権期の新自由主義は、新自由主義第一の柱、第二の柱を中心に、労働者の非正規化を促進し財政を削減することに大きな力を使った。したがって、財政削減に抵抗する自民党族議員や官僚機構を抑えるために、経済財政諮問会議

がフル稼働したのである。

ところが安倍政権の場合、改めて社会保障費などの削減を図ると同時に、それだけでなく、新自由主義で痛んだ分野への財政出動、AIなど成長が期待される特定産業分野や企業を指定し国家的支援をすることで大企業の蓄積を助けようとした。規制緩和・法人減税によってたんに、大企業の蓄積増大の環境をつくる間接的支援にとどまらず、個別企業への直接的支援にも踏みきったのである。

そのため、削減司令塔としての経済財政諮問会議とは別に、規制緩和による民間企業参入の市場づくりに加えて、必要なら予算をつけて新規産業分野を国家の力で積極的に後押しする「未来投資会議」の役割が大きくなったのである。

二つ目は、そうした安倍新自由主義の特徴から、「国土強靱化」など財政の地域への配分に強い関心を持つ自民党とは、小泉時代と異なり対決一本やりの状態ではなくなったことである。

三つ目は、自民党との関係と異なり、官僚機構に対する統制は官僚人事の官邸掌握により一層強まったことである。具体的には二〇一四年に内閣人事局がつくられ、官庁ごとの事務方の「裁量」に任されていた幹部人事を官邸が一元的に掌握することになった。

財務省による森友文書の改竄など安倍政権になって立て続けに起こっている官僚の不祥事や官邸への「忖度」の頻発は、官僚が官邸の統制下に入り、官邸の望む新自由主義政策に適合的なプランを出すもの、官邸の意向に沿うもののみが出世することが明らかとなるなかで頻発した腐敗にほかならない。

四つ目に、安倍官邸主導が、財政支出の決定権を首相と官邸に集中することで、要求の実現をめざす勢力による安倍首相あるいは官邸の側近に対する働きかけを激しくしたことである。その結果、安倍首相をめぐる汚職が格段に増えたことである。森友にせよ、加計学園にせよ、こうした新自由主義による官邸への権力集中が生んだ汚職・疑惑にほかならない。安倍政権の腐敗が止まらない理由は、首相、官邸への決定権集中の結果にほかならない。

こうした官邸主導体制と官僚機構弱体化の下で、行政の専門性が脅かされるなか、新型コロナが襲った。コロナ対策における首相の場当たり的政策の乱発はこうした官邸主導の所産にほかならない。官僚機構は官邸の場当たり的政策に強く反対できず、また、官邸の意にそむくことを怖れて、省独自のプランにも消極的になるからである。

三　なぜ、日本では重症者、死者が少ないのか？

以上垣間見たような、新自由主義政治に起因する安倍政権のコロナ対応の破綻にもかかわらず、日本のコロナ感染状況には、それとは一見矛盾することが起こっている。それは、日本でのコロナによる死者の少なさである。

九月二三日現在、累計死者数でみると、アメリカの二〇万八八二人、イギリスの四万一九一五人、イタリアの三万五七三八人に比べると、日本は一五二五人にとどまっている。感染者数のなかでの死者数＝致死率をみても、日本は一・九％で、イタリアの一一・九％はもちろん、アメリカの二・九％と比べても少ない[37]。

よくいわれているように、コロナ感染者数は、日本でのPCR検査の圧倒的不足を考えると、比較に意味があるかは不明だが、死者数の少なさは注目に値する。もし巷間言われているように、日本ではPCR検査が少ないため、発見されない感染者が多数放置されているとしたら、当然医療の手が届かないこれら感染者が重症化し、医療手当の遅れ、医療崩壊を招き死者数が増加するはずなのに死者数が少ないのはなぜであろうか。

山中伸弥が「ファクターX」と言って関心を寄せている問題でもあり、これから研究を進めねばならないが、この要因の少なくとも一つに、国民皆保険制度に基づく日本の医療体制とそれを維持させてきた民主的医療運動の存在があると推測できる。その点を検討してみよう。

1　国民皆保険による国民の医療への信頼と利用、医療従事者の専門的知見に基づく治療

第一の要因は、戦後日本の国民皆保険体制の定着による、国民の医療への頻繁なアクセスが、コロナ感染症の重篤化の要因として指摘されている基礎疾患の相対的少なさ、治療の充実をもたらしていることではないだろうか。

国民皆保険体制の下、国民は、健康保険証によって、平等な治療を受けることができる。所得のいかんにかかわらず、その疾患に対する最善の治療が受けられることから、国民の医療への信頼は大きく、医療へのアクセスも頻繁である。その結果、いわゆる生活習慣病と言われる基礎疾患への治療、予防もすすんでいる。これが新型コロナに感染した患者の重症化、死亡を抑える効果を発揮していると考えられる。

国立国際医療研究センターによる大規模調査[38]では、入院患者の死者の割合が中国や英米諸国の二〇%を超える数字に比べ、日本は七・五%と低いのみならず、入院患者中、糖尿病や肥満などの基礎疾患のある人の比率が英米に比べて少ないという結果が出ている。肥満を例にとると、イギリスの一一%、アメリカに至っては四〇―四八%なのに対し、日本では五・五%にとどまっている[39]。くわしい結果を見なければ分からないが、これも、その推測を裏づけている。

新自由主義が目の敵にして改変しようとしているのは、この国民皆保険体制にほかならない。[40] こうした国民の医療へのアクセスこそが、医療費増加の原因として、一九八〇年代以降、厚生省→厚労省は、「医療費亡国論」を唱え、国民の受診抑制のためにさまざまな手だてを講じ、新自由主義政治はそれをより「体系化」した。保険料滞納者から保険証を取り上げ「資格証明書」に変えるなどは、そのもっとも露骨な受診抑制であり、「地域医療構想」はその最新の政策であるが、にもかかわらず、国民皆保険制度には手をつけられない。

また、新自由主義の下で削減され、コロナ対策で困難を抱えているが、保健所体制も、日本でこれまで公衆衛生の担い手として感染症予防に大きな効果を上げてきた。日本と同様、国民皆保険体制をとり保健所体制を整備した韓国や台湾が、新型コロナの拡大に歯止めをかけ、鎮圧に成功したのをみても、それら制度の力が推測できる。

2　医療運動による皆保険維持、新自由主義医療改革に対する抵抗

日本における死者数の少なさを生みだしている第二の要因は、第一の延長線上、あるいはその裏面にあることだが、皆保険制度と医療へのアクセスを護ってきた、全日本民主医療機関連合会（民医連）や保険医協会などの医療者や社会保障推進協議会（社保協）運動、そして日本

医療労働組合連合会（医労連）、全国労働組合連合会（全労連）の労働運動などの運動の力である。世界でも珍しい、こうした強い医療運動が、政府の新自由主義改革に抵抗し、皆保険制度をかろうじて守り、国民の医療へのアクセスを妨げようとする政府の企てを阻んできたことが、新型コロナに対する対処で死者を抑え込んでいる要因ではないだろうか。

安倍新自由主義政治が壊そうとしながら、運動の力で壊せない制度が、コロナ危機を克服する大きな力を発揮していると言える。

（1） 枝野幸男「支え合う社会へ」、二〇二〇年五月二九日、立憲民主党ホームページ。
（2） 枝野幸男「枝野幸男の思いと政見」。
（3） 志位和夫「日本共産党創立九八周年記念講演」『赤旗』二〇二〇年七月一七日付。
（4） この定義につき、デヴィッド・ハーヴェイ『新自由主義——その歴史的展開と現在』作品社、二〇〇七年。新自由主義につき、二宮厚美の『現代資本主義と新自由主義の暴走』新日本出版社、一九九九年、『新自由主義の破局と決着』新日本出版、二〇〇九年、他の多数の著書、後藤道夫『収縮する日本型「大衆社会」』旬報社、二〇〇一年、『反構造改革』青木書店、二〇〇二年、他の論考を参照してほしい。論者により様々な角度から新自由主義に光りがあてられている
（5） 新自由主義についての筆者の考えについてくわしくは、渡辺治「総論・開発主義・企業社会の構造とその再編成」渡辺編『変貌する〈企業社会〉日本』旬報社、二〇〇四年、所収、同「日本の新自由主義」デヴィッド・ハーベイ、前掲『新自由主義』所収。
（6） くわしくは渡辺治『講座現代日本1　現代日本の帝国主義化』大月書店、一九九六年。

（7）後藤道夫「構造改革が生んだ貧困と福祉国家の構想」岡田知弘・後藤道夫・二宮厚美・渡辺治『新自由主義か新福祉国家か』旬報社、二〇〇九年、所収、三二四頁ほか参照。
（8）くわしくは、渡辺治『政治改革と憲法改正』青木書店、一九九五年、参照。
（9）小泉政権の新自由主義につき、渡辺治「小泉政治は何をめざしているのか」『賃金と社会保障』一三一三・一四号（二〇〇二年一月）、のち『構造改革政治の時代——小泉政権論』花伝社、二〇〇五年、所収。
（10）安倍政権の新自由主義につき、くわしくは、「安倍政権とは何か」岡田知弘・後藤道夫・二宮厚美・渡辺治編『〈大国〉への執念——安倍政権と日本の危機』大月書店、二〇一四年、所収。
（11）新自由主義改革のなかでの医療改革、とくに安倍政権による「地域医療構想」、それとコロナの関係を扱った論考は以下のようなものがある。長尾実「地域医療体制と人減らしにつながるカラクリ」、長友薫輝「公立・公的病院の再編統合と地域医療」以上『住民と自治』二〇二〇年二月号所収、伊藤周平「可視化された医療崩壊」『世界』二〇二〇年七月号所収、長友薫輝「医療保障の充実に向けて」、長尾実「感染症病床不足の背景——実態と拡充に向けた課題」、大西玲子「公立・公的病院の再編統合は許さない」以上『月刊全労連』二〇二〇年七月号、久保佐世「新型コロナウイルスが明らかにした日本の医療・公衆衛生システムの限界」『ＰＯＳＳＥ』四五号（二〇二〇年）所収、山本淑子「疲弊する医療・介護体制への緊急的支援と抜本的対策を」『前衛』二〇二〇年七月号、などがある。以下の叙述では、いちいち典拠を示さないが、これら論稿を参考にさせていただいた。
（12）「地域医療構想」そのものについては、（11）掲記の長尾「地域医療体制と人減らしにつながるカラクリ」、長友「医療保障の充実に向けて」のほか、京都保険医協会編『開業医医療崩壊の危機と展望』かもがわ出版、二〇二〇年、参照。
（13）「新経済・財政再生計画の着実な推進に向けて」『令和元年第二回会議資料』二〇一九年五月三一日。

（14）「四二四問題」についてはたくさんの言及がある。さしあたり、長尾、前掲「地域医療体制と人減らしにつながるカラクリ」、長友、前掲「公立・公的病院の再編統合と地域医療」、沢野天「地域医療を守れ」『住民と自治』二〇二〇年二月号所収を参照。
（15）大西玲子、前掲論文、一五頁ほか。
（16）この点につき、長尾、前掲「感染症病症不足の背景――実態と拡充へ向けた課題」一三頁以下。
（17）同前、一一頁以下参照。
（18）二宮元「新自由主義がもたらした災厄としての新型コロナ危機」『前衛』二〇二〇年一〇月号所収は、ギリシアでは新自由主義の医療・公衆衛生予算削減が感染症増加をもたらしたと指摘している。
（19）「新型コロナウイルス感染症（COVID―19）に関する理事長声明」二〇二〇年四月一日。
（20）保健所の新自由主義政策による統廃合について、注（11）掲記の伊藤論文、久保論文および脇田滋連続エッセイ「第40回保健所機能の大きな後退を招いた政府の地域保健政策――新型コロナウィルスとの闘い（2）」『NPO法人働き方ASU‐NET』、参照。
（21）地方衛生研究所の実情について、調恒明「衛生研の法的位置づけを」『京都新聞』二〇二〇年八月一日付。
（22）鎌田久美子「自治体は保健師増員図れ」同前。
（23）小泉政権による「三位一体改革」につき、加茂利男編『「構造改革」と自治体再編――平成の大合併・地方自治のゆくえ』自治体研究社、二〇〇三年、所収の諸論文、平岡和久・森裕之『検証「三位一体の改革」』自治体研究社、二〇〇五年。
（24）この点、脇田、前掲「保健所機能の大きな後退を招いた政府の地域保健政策」参照。
（25）渡辺治「新時代の日本的経営のねらうもの――日本の帝国主義化と企業社会の変容」『企業社会・日本はどこへ行くのか』教育史料出版会、一九九八年。

(26) くわしくは、後藤、前掲『反構造改革』、また後藤道夫『ワーキングプア原論』花伝社、二〇一一年。
(27) 後藤道夫「安倍政権の社会保障改革と労働改革」前掲、岡田ほか編著『「大国」への執念』所収。
(28) 休業・失業について、生存のためのコロナ対策ネットワーク「生存保障を徹底せよ」、今野晴貴・後藤道夫「休業・失業」以上『世界』二〇二〇年六月号所収、伍賀一道「コロナ禍と休業・失業の増大」『経済』二〇二〇年九月号、七四頁。
(29)『読売新聞』二〇二〇年九月二四日付。
(30) 小竹雅子「コロナと介護　事業者アンケート実施」『ふぇみん』二〇二〇年五月二五日号、山本淑子、前掲論文。
(31) 岡田知弘・自治体問題研究所編『TPP・FTAと公共改革の変質』自治体問題研究社、二〇一七年。
(32)「マスクなど医療防護具、中国頼み　輸入の八割に急増」『日本経済新聞』二〇二〇年八月二四日付。
(33) 鈴木宣弘「コロナ・ショックで露呈した食の脆弱性と処方箋」『前衛』二〇二〇年七月号、四六頁以下。
(34) 岡田知弘ほか『地方消滅論・地域創生政策を問う』自治体研究社、二〇一五年、同岡田『公共サービスの産業化と地方自治』自治体研究社、二〇一九年ほか。
(35) アンドリュー・ギャンブル『自由経済と強い国家』みすず書房、一九九〇年。
(36) 小泉政権の「官邸主導」と安倍政権のそれの違いについて、渡辺、前掲「安倍政権とは何か」。
(37) 日本経済新聞ホームページ「チャートで見る世界の感染状況」。
(38)『読売新聞』二〇二〇年八月六日付。『日本経済新聞』二〇二〇年八月七日付。国立国際医療研究センター「COVID—19レジストリ研究に関する中間報告」。
(39) 前掲「COVID—19レジストリ研究に関する中間報告」。
(40) この皆保険制度の意義につき、京都府保険医協会編、前掲『開業医医療崩壊の危機と展望』参照。

第2章

ポスト安倍政権は、新型コロナ下で何をめざしているのか?

以上の検討を踏まえれば、新型コロナを抑え込むポストコロナの政治は、新自由主義政治からの脱却以外にないことは明らかであるが、ポスト安倍政権は、一体どう対処しようとしているのであろうか。次にコロナ下での「安倍なき安倍政治」を検討したい。

結論から言うと、安倍政権もそれを継承した菅政権も、新型コロナの鎮圧のために、新自由主義の総点検を行なうかわりに、新自由主義への固執と強行に加え、大規模な利益誘導型政治の力も借りて乗り切ろうとしている。

さらにもう一つ、安倍政権と、続く菅政権は、コロナ感染拡大も手伝って行き詰まっている憲法改正にも執着し、イージス・アショアの配備撤回を機に「敵基地攻撃能力保持論」を掲げて、実質改憲に踏み込もうとしている。

そこで、この二本柱を軸に、新型コロナ下の「安倍政治」を検証したい。

一　コロナ対処策――新自由主義改革の維持・強行、利益誘導型政治の二本だて

安倍・菅政権は、新型コロナへの対処を新自由主義の維持・強行と利益誘導型政治の大規模発動の二本だてで乗り切ろうとしている。

1　新自由主義への固執、手直し

(1)「骨太」方針の継続

安倍政権は、新自由主義に基づく削減改革を、経済財政諮問会議を軸に行なおうとした。菅政権は、安倍政権時代の政策決定のシステムを改変しようとしているが、新自由主義の削減司令塔は引き続き経済財政諮問会議におこうとしている。骨太の全体像における検討は省略して、先に示した、医療提供体制削減の推移に焦点をあてて、その点を検証しよう。

骨太方針（各年度の骨太方針は、「骨太２０１４」というように表記する）の中に、医療提供体制の本格的削減をめざす「地域医療構想」が打ち出されたのは、地域医療構想を制度化した医療・介護総合確保推進法が制定された二〇一四年の「骨太２０１４」においてであった。

そして、「骨太２０１７」では、地域医療構想を具体化すべく、個別病院の名も挙げた具体的方針策定が謳われたが、都道府県による計画策定が一向にすすまないことに業を煮やして、「骨太２０１８」では、個別病院名や削減病床数を示した「具体的対応方針」の「二〇一八年度中の策定」促進を謳い、とくに再編の突破口となる「公的病院」の「再編統合」を掲げ、かつ、地域ごとの「自主的取り組みによる」病床削減計画が進まない場合「都道府県知事がその

役割を適切に発揮できるよう、権限のあり方」について検討するよう促したのである。(1)

「地域医療構想の実現に向けた個別の病院名や転換する病床数等の具体的対応方針について、昨年度に続いて集中的な検討を促し、二〇一八年度中の策定を促進する。公立・公的医療機関については、地域の医療需要等を踏まえつつ、地域の民間医療機関では担うことができない高度急性期・急性期医療や不採算部門、過疎地等の医療提供等に重点化するよう医療機能を見直し、これを達成するための再編・統合の議論を進める。このような自主的な取組による病床の機能分化・連携が進まない場合には、都道府県知事がその役割を適切に発揮できるよう、権限の在り方について、速やかに関係審議会等において検討を進める」(2)と。

牙をむいた「骨太2019」

先に述べたように、経済財政諮問会議が「地域医療構想」の推進の遅れに牙をむいたのが、「骨太2019」であった。民間議員の意見書を受け、「骨太2019」は、とくに「公立・公的医療機関」の削減方針が、二〇二五年を見据えた厚労省の削減方針に沿ったものとなるよう、計画見直しを「二〇一九年度中」、医療機関の削減を伴う場合には、「遅くとも二〇二〇年秋頃」

までに削減計画を立てろと明記したのである。[3]

また、この「骨太2019」は、地域医療構想にもとづく病床削減を公立・公的病院にとどまらず「民間医療機関」にも発動することを——これも先に指摘したように民間議員の意見書が明記していたことであるが——、初めて明記した。〝公立病院だけと思うなよ〟、という恫喝である。該当箇所は以下のようだ。

「地域医療構想の実現に向け、全ての公立・公的医療機関等に係る具体的対応方針について、診療実績データの分析を行い、……二〇二五年において達成すべき医療機能の再編、病床数等の適正化に沿ったものとなるよう、重点対象区域の設定を通じて国による助言や集中的な支援を行うとともに、適切な基準を新たに設定した上で原則として二〇一九年度中に対応方針の見直しを求める。民間医療機関についても、二〇二五年における地域医療構想の実現に沿ったものとなるよう対応方針の策定を改めて求めるとともに、地域医療構想調整会議における議論を促す。こうした取組によっても病床の機能分化・連携が進まない場合には、二〇二〇年度に実効性のある新たな都道府県知事の権限の在り方について検討し、できる限り早期に所要の措置を講ずる。[4]」と。

「骨太2020」の体裁激変と内容の継続

このように、二〇二〇年度は地域医療構想における削減計画の期限とされていたのである。

ところが、二〇二〇年初頭からコロナ感染爆発が始まった。二〇二〇年六月に発表された「骨太2020」は、七二頁に及んだ「骨太2019」に比べ三七頁に半減し、章の編成も、それまでの骨太の定番をまったく一新し、新自由主義的削減の露骨な表明は影を潜めた。

「第一章　新型コロナウイルス感染症の下での危機克服とあたらしい未来に向けて」
「第二章　国民の生命・生活・雇用・事業を守り抜く」
「第三章　『新たな日常』の実現」

見出しだけ見れば、新自由主義改革は消えてなくなったかのようである。医療提供体制の削減を謳う小見出しも、二〇一八年には「医療・介護提供体制の効率化とこれに向けた都道府県の取り組みの支援」[5]（傍点引用者）――ちなみに、削減、統廃合を求める時の官庁用語は「適正化」「効率化」であることに注意――、二〇一九年も「医療提供体制の効率化」[6]であったが、「骨太2020」では、「医療提供体制の強化」（第二章1（1））「新たな日常に対応した医療提供体制の構築」（第三章4（1）①）と一八〇度変わってしまったのである。「強化」などという文句は、従来の経済財政諮問会議では禁句であった。

しかし変わったのはここまでであった。「骨太」は、新型コロナに立ち向かう政治の方向を、新自由主義の維持・強化＋開発型・土木・観光政治と設定したのである。

コロナ最大の教訓はデジタル化の遅れ

それを象徴するのが、「骨太2020」冒頭の、新型コロナからの教訓の部分である。「骨太」は、コロナ最大の教訓を、政府がとってきた新自由主義政策の失敗にではなく、なんと「デジタル化・オンライン化の遅れ」に求めたのである。

「今般の感染症対応策の実施を通じて、受給申請手続・支給作業の一部で遅れや混乱が生じるなど、特に行政分野でのデジタル化・オンライン化の遅れが明らかになった」(7)と。

確かに、デジタル化の遅れが感染症の推移の報告や給付手続きの遅れの要因の一つであったが、主たる要因がそこになかったことはこれまで検討してきたところからも明らかであった。PCR検査手続きの遅れ、休業手当や持続化給付金、さまざまな特例措置などの実施の遅れの主たる要因は、第一に、これまで長年にわたる新自由主義行政の下で、厚労省をはじめとした官僚機構が給付の抑制にのみ執心してきたため、とくに困窮者救済のため、通例の手続きを簡略化して迅速な給付を行なうなどという経験がなかったこと、第二に、新自由主義による人員財政削減による保健所をはじめ地方自治体の担当人員の圧倒的不足と疲弊、行政能力の低下にあった。デジタル化の遅れも、そうした行政分野を軽視し費用の削減を督促してきたことの結果に過ぎない。ところが「骨太」は、そこにはまったく目をつぶったのである。
ちなみに、菅首相が、新型コロナ対策における失敗の最大の原因をデジタル化の遅れに求め、内閣に新たにデジタル行革担当大臣を置き、デジタル庁の新設に乗りだしていることは、周知のとおりである。

東京一極集中・第二の教訓　それに加えて、「骨太」が発見した第二の教訓は、東京一極集中である。「今回の感染症拡大を通じて、大都市において人口密度が高く、集住して日常活動を行うことのリスクや、経済機能等の国の中枢機能が一極に集中していることのリスクが改めて認識されている」というのである。
さすがに、新自由主義に伴う非正規労働者や中小・零細業者の困難には触れざるをえなかったのであろう、「骨太」も「感染症拡大の影響で、特に非正規雇用者やフリーランス、中小・小規模事業者がより厳しい生活・事業状況を強いられるなど、弱い立場の方々がしわ寄せを受けて苦境に陥っている。こうした事態が固定化すれば、格差が拡大し社会が分断されかねない」(8)という指摘をしたものの、それへの対処策にはもちろん触れなかった。

人減らしと非正規化　そこから出る結論は自ずと明らかである。第一のデジタル化の遅れ克服を口実とする社会の一層のデジタル化による人減らし、非正規労働活用を主力とする雇用の柔軟化、そして有望企業への個別的支援、すなわちこれまで、経済財政諮問会議が強調していた新自由主義の維持・強化にほかならない。

第二の、東京一極集中から出てくるのは、「地方創生」にほかならない。その目玉も、新自由主義の市場づくりの焦点になっている「スマートシティ」であり、地方自治体のさらなるリストラ、地方公共事業への民間企業参入のための規制緩和である。先に指摘したように、地方自治体への新自由主義攻撃が、新型コロナ対策の遅れの大きな原因であったが、「骨太」は、それを一層推進しようというのである。

しかし、第二の教訓からはそれだけでない方針が導き出された。すなわち、「地域」の再活性化のための、大規模な土木公共投資、「地方創生」の目玉に打ち出してきた観光事業の強化・支援――つまり土木開発型政治の強化が打ち出されたのである。これは、新型コロナで痛む地方経済の活性化のためにも不可欠な対策と見なされている。

菅首相が就任当日の記者会見で施策の第一に掲げたのが「デジタル化」であり、第二に挙げたのが「東京一極集中の是正」「地方創生」であることは、菅政権が安倍新自由主義政治を忠実に踏襲することを示している。

医療提供体制削減はスピードアップ

では一体、これまで「骨太」が強調してきた医療体制改革――すなわち地域医療構想や保健所削減などにはいかなる対策をうつのであろうか。

ここに、今回の「骨太」の最大の「苦心」もあった。これまで「骨太」が推進してきた病床削減などの新自由主義政策が、コロナ対策における大きな制約となったことは、政府や厚労省にも明らかであった。そのため、政府も「特例」的に大規模財政出動でそれらへの手当を言わざるをえなかったのである。「骨太」が、「医療提供体制の強化」（傍点引用者）を謳い、政府の特例措置をそのまま承認したり、「保健所体制の強化」を二度も強調したことなどは、「画期的な」ことであった。

では新自由主義医療政策は見直されるのか？　そうではない。「強化」は特例限りにし、いままで進めてきた新自由主義施策は、「嵐が収まる」のを待って粛々と進めようというのが、「骨太」方針なのである。

たとえば、地域医療構想の推進に変わりがないことは、以下の文章を見れば明らかである。変わったのは、「感染症への対応の視点も含めて」という文句が入ったことだけであった。

「感染症への対応の視点も含めて、質が高く効率的で持続可能な医療提供体制の整備を進めるため、可能な限り早期に工程の具体化を図る。その際、地域医療構想調整会議における議論の活性化を図るとともに、データに基づく医療ニーズを踏まえ、都道府県が適切なガバナンスの下、医療機能の分化・連携を推進する。」(9)（傍点引用者）

先に述べたように、「効率的」「持続可能な」医療体制整備とは地域医療構想にほかならない。それを速めろ、というのが「早期に工程の具体化を図る」ということである。「地域医療構想調整会議」で病院も入れて議論していたのでは削減などすすまないから、「都道府県が適切なガバナンスの下」つまり都道府県が削減を強行しろと言うのである。もちろん、「感染症への対応の視点も含めて」という文句は、なんの意味も持たない、まったくのリップサービスにほかならない。

つまり「強化」はあくまで特例、「削減」は恒常的制度として「早期に」実施というダブルスタンダードが「骨太」の新方針である。

(2)「全世代型社会保障検討会議」

この「特例」「恒常」の使い分けは、「骨太」の方向を社会保障・医療に具体化すべく、二〇一九年一一月に発足した「全世代型社会保障検討会議」でも現れた。この会議は、医療、社会保障分野の新自由主義が立ち後れているとの認識の下、新自由主義改革加速のため、その年の一二月には早々と「中間報告」を出して、社会保障の全領域での新自由主義の再起動を打ち出し、二〇二〇年、つまり今年夏には最終報告を出すという迅速な実施をめざしていた。

「全世代型」とは？

この社会保障制度全般の新自由主義的削減の名前が、「全世代型」と名づけられたのは、その再編の名目を、〝高齢者世代に偏っている社会保障を現役世代も均霑に与れるように変える〟、〝現役世代の負担をこれ以上増やさない〟という点においたからである。

〝現役世代にこれ以上の負担を増やさない〟、〝高齢者に偏った社会保障の是正〟とは、決して高齢者に加え現役世代の社会保障も充実、ということを意味しない。財政のパイを同じにあるいは小さくしたうえで、その配分比率を高齢者から現役世代にうつすこと、つまり高齢者世代の負担増、高齢者世代への社会保障給付の削減にほかならない。

それを、医療制度を例にとると、一つは経済財政諮問会議でも中心におかれている地域医療構想による病院・病床削減であり、同時に後期高齢者医療制度における高齢者の窓口負担の二割への引き上げ、そして「かかりつけ医」制度による患者の受診抑制であった。

検討会議は、安倍政権における新自由主義の再起動の、いわば尖兵として、焦点となる社会保障領域の改革を先行させる梃子としてつくられたものであった。ちなみに、あとでもふれるが、この全世代型社会保障検討会議の担当大臣は、経済再生担当大臣西村康稔——そう、コロナ対策担当大臣の、あの西村であったことは、注目すべきである。

変わったのはタイトルのみ――検討会議のおざなり

ところが、全世代型検討会議が中間報告を出した翌月、二〇二〇年一月に、コロナが襲ったのである。そのため、検討会議は、急遽、二〇二〇年六月にコロナを踏まえた「第二次中間報告」を出すことを余儀なくされた。

そこでは、第二章の末尾に「新型コロナウイルス感染症の感染拡大を踏まえた社会保障の新たな課題」という節を設け、コロナに対応するかのような装いを凝らした。しかし、この部分で書かれているのは、あくまで第二次補正予算に伴う特例・緊急措置、時限的特例であり、中間報告で打ち出されていた恒常的制度改革については、予定どおり最終報告に入れることが明記されたのである。

検討会議のこうしたスタンスを象徴しているのは、「第二次中間報告」でもっとも肝心な「感染症への対応の視点も含めた医療提供体制の整備」という項は、なんと、先に引用した「骨太2020」の該当文章（前掲八八頁）、すなわち地域医療構想は予定どおりやりますよ、という文章が一字一句変えられずに、そのままコピペされていることである。驚くべきズサン！

検討会議のおざなり、社会保障拡充への気概のひとかけらもないことは、あきれるばかりである。

(3) 新型コロナ対策を新自由主義の軌道内に収める体制

新型コロナの蔓延は安倍政権の新自由主義再起動に大きなブレーキをかける危険があった。そこで政府は、コロナの蔓延、野党の追及を受ける形で、コロナ特例的措置と財政出動では大盤振る舞いをしながら、これら措置をあくまで時限的・特例的なものに留め、新自由主義改革は、定常的なものとして粛々と強行しようとはかったのである。そのためには、「感染拡大防止」という名目での、新自由主義の本体に迫るような改革は絶対阻止しなければならなかったし、特例的措置の範囲もできるだけ「平常」に復帰しやすいものに留めようとした。

コロナ対策担当大臣が、厚労大臣でなく、経済再生担当大臣で未来投資会議、全世代型社会保障検討会議担当大臣も兼ねる、いわば新自由主義司令塔の西村康稔になったことはそれを露骨に示していた。それだけではない。専門家会議の解体を受けて、経済学者も加えて再編された「分科会」座長に就任した尾身茂が、座長就任と時期をおかずに、あの新自由主義司令塔「未来投資会議」の委員にも指名されたことは、こうした政権の意図を人事においても貫徹させることを示していた。最近の尾身の諸発言がひと頃の政府批判をまったく欠いているどころか、政府の意図に沿って感染状況を過小評価するのに明け暮れているのは、尾身に対する処遇の絶大な効果の現れにほかならない。

2　自民党利益誘導型政治の大規模発動

(1)　なぜ「補償」を渋るのか？

今回のコロナ感染拡大対策としての企業の自粛要請には当然「補償」が不可欠という野党やメディアの主張にもかかわらず、安倍政権はかたくなに「補償」を拒んだ。

もともと、自民党利益誘導型政治は、ヨーロッパで展開した福祉国家政治と異なって、経済成長政策によって不利益を被る分野や個人に対する直接的な補償には一貫して消極的であり、常に、その支援は、間接的に、当該分野や個人の事業に対する財政支援という形をとってきた。たとえば、経済成長のための農産物自由化等によって衰退する農業に対する支援は、その農家の損失に対し直接支援する代わりに、ダムや道路や新幹線、果ては原発建設への大規模な公共投資を行ない、農業だけでは生活できなくなりつつある農家の働き手の就労機会をつくることで農家を支援する形で行なわれた。こうした、補償は必要なしという自民党政権の開発主義的、反福祉国家的スタンスを最高裁判所も追認した。

民主党政権が、農家戸別所得補償により、コメ農家などに直接的補償を行なったことに、自民党政権が強く反発したのも、同様の理由からであった。

(2) いまなぜ「Ｇｏ Ｔｏ トラベル」キャンペーン

安倍政権も菅政権も、コロナの猛威に対し、新自由主義一本やりは無理とみて、巨額の財政支出を伴う利益誘導型政治と二本だてで対処しようとしてきた。コロナで打撃を受けた産業、企業に対する大規模な財政出動がそれである。その典型が悪評高い「Ｇｏ Ｔｏ トラベル」キャンペーンである。

コロナの感染の再拡大が始まり、コロナ感染の拡大を懸念して世論調査でも圧倒的に「Ｇｏ Ｔｏ」はやめた方がよいという声が渦巻くなか、安倍政権がこれを強行したのは、自民党の支持基盤たる宿泊、飲食、娯楽、卸・小売業、運輸、建設業界への間接的財政投入により、その苦境に手当をし、これら業界を自民党支持基盤として再強化するためであった。

「Ｇｏ Ｔｏ」が、当時官房長官であった菅義偉と自民党幹事長の二階俊博のごり押しによるものであった[10]ということは、このキャンペーンが、安倍政権の担い手の主流をなす財界＝新自由主義派ではなく、安倍政権のもう一つの担い手である利益誘導派の主導によるものであることを象徴している。『文藝春秋』のある論説[11]は、「Ｇｏ Ｔｏ」をごり押しした二階＝菅の同盟を「たたき上げ同盟」と呼んでいるが、政治の性格に即して言えば、「土木・観光同盟」あるいは「利益誘導派同盟」とでも称すべきものである。

菅政権が、「デジタル化」、「行政改革」、「地方創生」で新自由主義政治を、「ＧｏＴｏ　キャンペーン」で土木利益誘導政治を推進することは、明らかである。

二　「安倍なき安倍改憲」へ

コロナの猛威の中、安倍政治が追求した第一が新自由主義政治の維持・強行であったが、実は安倍政権は、それだけに力を入れてきたわけではなく、もう一つの課題の実現にこだわった。それは、明文改憲という課題である。こちらの課題も、菅政権は継承している。

1　土俵際に追い詰められた安倍政権が示した改憲への執念

改憲という課題は、安倍前首相にとっては、新自由主義の再稼働と並ぶ、否、個人的思いとしては、それ以上の宿願とでも言うべき課題であった。

解釈改憲優先路線とその限界

安倍自身は、第一次政権の時の挫折を踏まえて、この課題が大きな国民の抵抗に遭うことを十分に自覚していたため、復活した安倍政権は、憲法九条の改憲については当初、明文改憲に手をつけずに解釈改憲の手法で、アメリカの戦争に武力も含めて加担する体制づくりを推進した。

その結果、憲法九条破壊は極限まで進んだ。とくに、二〇一四年の政府解釈の抜本改変と、一五年の安保法制によって、日本がたとえ武力攻撃を受けていなくとも、日本の存立を脅かす事態だと政府が認めれば、「集団的自衛権」を行使してアメリカの戦争に武力で加担できるようになり、また「後方支援」であれば、戦場であろうと、世界のどのような地域にも自衛隊を派兵できるようになった(12)。

しかし、安保法制に反対してつくられた「総がかり行動実行委員会」のよびかけに答えて「労働組合、市民と野党の共闘」により、安倍政権は安保法制を強行採決したものの、その安保法制の実行は強い抵抗を受け、小手調べに行った南スーダンＰＫＯへの自衛隊派兵でも安保法制で可能となった「駆けつけ警護」などは一切やれないまま帰国せざるをえなくなった。

もはや、アメリカの要請に全面的に応えるには、憲法九条明文の改悪が不可欠であることが、改めて自覚されたのである。

九条、自衛隊明記改憲

しかし安倍首相は、明文改憲の難しさを十分自覚していたから、二〇一七年五月三日の提言では、なんと九条一項、二項を残し、自衛隊明記の条文を加えるという「加憲」論を提案したのである。

この自衛隊加憲論は、九条二項廃棄がもたらすであろう、強い反対運動を回避し、九条改憲を実現する切り札として提案されたものであった。自民党は、一八年三月の党大会で、自衛隊明記論を含む改憲四項目を了承した(13)。

その中心をなす九条改憲案は次のようである。

九条

九条の2 前条の規定は、我が国の平和と独立を守り、国及び国民の安全を保つために必要な自衛の措置をとることを妨げず、そのための実力組織として、法律の定めるところにより、内閣の首長たる内閣総理大臣を最高の指揮監督者とする自衛隊を保持する。(傍点引用者)

(2) 自衛隊の行動は、法律の定めるところにより、国会の承認その他の統制に服する。

しかし、この改憲案に対し、一七年夏に「総がかり行動実行委員会」が中心となり九条の会も参加した「安倍9条改憲NO！全国市民アクション」が結成され、三〇〇〇万人署名が提起されて、運動は全国の地域に波及した。国会でも、立憲野党の頑張りで、自民党は、憲法審査会をまともに開けないまま、先の「提言」で安倍が改憲実行の期限とした二〇二〇年に入ってしまい、公約実現は極めて困難となってしまったのである。

それでも、安倍自民党は、二〇年の通常国会で改憲論議に入るという目標をたてて取り組んだ。ところが、コロナ感染拡大、河井案里議員の選挙違反事件の捜査が伸展し、安倍の身辺が脅かされるなか、結局、通常国会でも憲法審査会は実質審議に入ることなく、幕を閉じざるをえなくなったのである。

しかし、安倍はこのまま引き下がらなかった。彼は、絶望的となった総裁任期中の改憲実行をめざして改憲論議を起こすため、反転攻勢に二つの手を使うことにした。

2　緊急事態を口実とした明文改憲への固執

ひとつは、改憲どころではない状況をつくり出した、当のコロナ感染拡大を利用して憲法に緊急事態条項を入れる改憲案を議論し、改憲論議の突破口にするという手である。

この緊急事態条項を入れるという改憲案は、第二次安倍政権が誕生した当初、改憲の口実として持ち出されたことがあった。三・一一東日本大震災に際しての政府の措置が遅れ、被害が深刻化したことをとらえ、〝こうした迅速な対策ができなかったのも憲法に緊急事態条項がないからだ〟というキャンペーンで国民に改憲の必要性を説得しようという思惑からであった。

しかし、安倍政権のこうした思惑は裏目に出、緊急事態条項改憲論は市民の大きな反撃を受けて立ち消えになっていたのである。

それでも、緊急事態条項改憲論は、改憲＝九条改憲＝戦争する国づくり、という等式を打ち破る手がかりとして、二〇一八年三月の党大会で了承された改憲四項目の一つにも入っていたのである。

緊急事態条項

六四条の２　大地震その他の異常かつ大規模な災害により、衆議院議員の総選挙又（また）は参議院議員の通常選挙の適正な実施が困難であると認めるときは、国会は、法律で定めるところにより、各議院の出席議員の三分の二以上の多数で、その任期の特例を定めることができる。

七三条の２　大地震その他の異常かつ大規模な災害により、国会による法律の制定を待ついとまがないと認める特別の事情があるときは、内閣は、法律で定めるところにより、国民の生命、身体及び財産を保護するため、政令を制定することができる。（傍点引用者）

（2）内閣は、前項の政令を制定したときは、法律で定めるところにより、速やかに国会の承認を求めなければならない。

それが、コロナ感染拡大に際して、改憲論の危機打開の切り札として浮上したのである。

まず、コロナの国内死者の出た一月末に、コロナに引っかけて緊急事態条項を、という議論が、自民党議員から起こり、維新の会なども呼応して一定の議論となった。しかし、コロナの感染拡大が進むにつれ、それどころではなくなり、一時改憲論は下火となった。

ところが、四月七日、政府が、一都六県に緊急事態宣言を発出し、続いて全国に拡大する事態が起こると、再び、この改憲論が再燃し、世論調査でも、緊急事態改憲論が一定の支持を集めた。

それでも、日本では、緊急事態宣言下でも市民の自由を罰則つきで制限する事態にもならずに、第一波が終熄する動きを見せるにつれ、〝緊急事態条項がなければ、こういう事態は乗り切れない〟という緊急事態改憲論の口実は、説得力を失い、下火になったのである。

3　イージス・アショア断念から敵基地攻撃力論の浮上のねらい

それに代わってにわかに登場したのが、「敵基地攻撃力保有論」であった。

この議論は、直接明文改憲を要求する議論ではない。いままで政府が、憲法九条の制約の下で行なってきた運用のたてまえ――我が国は、敵基地を攻撃しない、攻撃用兵器も持たないという――を改変し、自衛隊に敵基地攻撃力を持たせるべきだという議論である。

しかし、「敵基地攻撃力論」は、安倍政権が行なった「集団的自衛権容認」と同様、九条の下での長年にわたる自衛隊の運用を根本から改変し、九条に実質的な大穴を開ける憲法破壊の議論であると同時に、新たな明文改憲の突破口ともなる危険性を持つものである。

安倍政権は、この敵基地攻撃論をコロナ下の改憲策動の焦点に押し上げようとした。しかも、安倍首相は辞任表明後にも、次の政権に敵基地攻撃力保持を実現することをめざすよう、九月一一日、わざわざ「談話」を発表して、菅政権に引き継いだのである。すごい執念であった。

それを受けて、菅政権の防衛大臣に就任した岸信夫――岸が安倍晋三の弟ということにも安倍の執念が見られる――は、当日の記者会見で、敵基地攻撃能力を含むミサイル防衛について「今年末までにあるべき方策を示し、速やかに実行に移す」と明言した。こうして、敵基地攻撃力保持が、改憲の当面の突破口となったのである。

　そこで、以下、敵基地攻撃力論に焦点をあてて、そのねらいを検討したい。

(1)　戦後政治の中の敵基地攻撃力論

イージス・アショア配備断念と「敵基地攻撃力論」の突如浮上

今回の敵基地攻撃力論は、突如浮上したように見える。それは、二〇二〇年六月一二日、河野太郎防衛相が突如、イージス・アショアの日本配備計画を停止すると発表したことがきっかけとなった。河野発言を受けて、閣議は、六月一五日に配備計画停止を決定した。

　このイージス・アショア配備は、もともとトランプ政権によるアメリカ製兵器購入圧力に応えるため、突如として出てきた案であった。しかし、その配備予定地となった秋田、山口県では、ずさんな計画も相まって強い反対運動が起こり、すでに秋田配備は断念されていた。そこに加えて、イージス・アショアのブースターが、当局の説明に反して、基地外に落ちる確率が高く、それを修正するには膨大な費用と年月がかかることが判明し、河野防衛相の断念発言に至ったのである。

　ところが、その直後、通常国会終了後の記者会見で、安倍首相が、イージス・アショア断念とセットで、「抑止力、対処力」についての「新たな方向性をしっかりと打ち出す」と発言したことから、事態はたんにイージス・アショア配備計画に代わるミサイル防衛計画という話を越えて進み始めたのである。記者会見での安倍発言は大きな意味を持つものであった。
安倍はイージス・アショアを断念したと述べたあと、次のように述べた。

「他方、我が国を取り巻く安全保障環境が厳しさを増している。その現状には全く変わりはありません。朝鮮半島では今、緊迫の度が高まっています。弾道ミサイルの脅威から国民の命と平和な暮らしを守り抜いていく。これは政府の最も重い責任であります。我が国の防衛に空白を生むことはあってはなりません。平和は人から与えられるものではなく、我々自身の手で勝ち取るものであります。安全保障政策の根幹は、我が国自身の努力にほかなりません。抑止力、対処力を強化するために何をすべきか。日本を守り抜いていくために、我々は何をなすべきか。安全保障戦略のありようについて、この夏、国家安全保障会議で徹底的に議論し、新しい方向性をしっかりと打ち出し、速やかに実行に移していきたい。そう考えています。」（傍点引用者）と。

ここで安倍は、「弾道ミサイルの脅威から国民の命と平和な暮らしを守り抜く」と言うことから、話をより一般化して「抑止力、対処力」強化のための新たな戦略の策定に及んだのである。

この発言を受けて、早速自民党内に「検討チーム」がつくられ、イージス・アショアに代わる弾道ミサイル防衛システムの選定とともに、「敵基地攻撃力論」の検討にも入ったのである。

あくまで法理的にのみ「敵基地攻撃」は可能という政府解釈

このように、敵基地攻撃力論は、イージス・アショア配備撤回に伴い突如浮上したかに見えるが、実は、ミサイル防衛に絡めて敵基地攻撃力を持つべきだという議論は、自衛隊発足当初から議論され、政府はその保持についての憲法上の見解を出していた。

すなわち、一九五六年鳩山一郎政権の時に、政府は、敵のミサイル攻撃に対し、他の手段がなければ、敵基地を叩いても自衛の範囲内であるという解釈を打ち出し、以後それは現在に至るまで踏襲されてきた。防衛庁長官の船田中が代読した、当時の鳩山首相見解とは以下のものであった。

「わが国に対して急迫不正の侵害が行なわれ、その侵害の手段としてわが国土に対し、誘導弾等による攻撃が行われた場合、座して自滅を待つべしというのが憲法の趣旨とするところだというふうには、どうしても考えられないと思うのです。そういう場合には、そのような攻撃を防ぐのに万やむを得ない必要最小限度措置をとること、たとえば誘導弾等による攻撃を防御するのに他に手段がないと認められる限り誘導弾等の基地をたたくことは、法理的には自衛の範囲に含まれ、可能であるというべきものと思います。」[14]（傍点引用者）

しかし、この見解はあくまで「法理的には」という枠内であり、また「他に手段がないと認められる限り」という限定付きのものであった。現にこの答弁を行なったその質疑で、船田は、安保条約に基づく米軍の活動は「他に方法があるということになる」[15]と答弁していた。つまり安保条約に基づいて米軍が日本に駐留している限り、日本は敵基地を「たたかない」と示唆したのである。

また、一九五九年には、当時の伊能繁次郎防衛庁長官は、「他（の）手段」としてやはり安保条約を挙げたあと、「誘導弾等による攻撃を防御するのに他に全然方法がない」などという事態は「今日においては現実の問題としては起こりがたいのでありまして、こういう仮定の事態を想定して、その危険があるからと言って平生から他国を攻撃するような、……兵器を持っているということは憲法の趣旨とするところではない」（傍点引用者）と、米軍のいる下で日本が敵基地攻撃をせざるをえない事態は「起こりがたい」と述べていた。

とりわけ安保闘争ののちには、政府は国民のなかにある強い平和と護憲意識を顧慮して、「専守防衛」政策を打ち出し、敵基地攻撃力保持にも否定的な態度を鮮明にしてきた。

たとえば、冷戦後の一九九五年になるが、当時の大野功統防衛庁長官は、一方で「法理的には」敵基地を叩くことも自衛権の範囲に含まれるとしながら、日米安保条約の下で日本は専守防衛に徹し、日米間に役割分担があるとしたうえで「敵基地攻撃というのは、法理的には……可能でありますけれども、敵基地攻撃を目的とした装備というのは考えておりません」(16)と、敵基地攻撃力保持を否定していた。

冷戦後の変化と政府解釈の堅持

冷戦終焉後、二〇〇〇年代に入って北朝鮮が弾道ミサイル実験を繰り返すようになって以降、この敵基地攻撃をめぐる議論には若干の変化が現れた。冷戦終焉後、アメリカは日本に対し、自衛隊の海外派兵と米軍の支援をはじめ、一層の責任分担を求めて強い圧力をかけてきていたため、政府は自衛隊の海外派兵に腐心していたが、北朝鮮に対する自衛隊の能力増強も、その一環としてアメリカの容認するものとなった。

こうして、二〇〇〇年代初めには、敵基地攻撃に関して活発なやり取りが相次いだ。それは、主として、〝一体どの時点で、我が国に対する攻撃があった——その場合に自衛権の発動が可能となる——と見なせるのか〟という点を中心に論じられた。政府答弁は、それは、「攻撃の着手があった時点」であるというものであったが、では、その「着手」とはいかなる時点をさすのかが論議されたのである。

この点につき、小泉政権当時内閣官房長官であった福田康夫は、「(相手が)、これから攻撃するといって、攻撃のためのミサイルに燃料を注入するとかその他の準備を始めるということであれば、それは着手と考えていいのではないか」[17]と答えていた。

しかし、この時点でも、政府は、敵のミサイル攻撃に備えての「敵基地攻撃を目的とした装備体系の保有」[18]についてはくり返し否定していたのである。

自民党による敵基地攻撃力保有論の台頭

政府は、このように、敵基地攻撃力の保持についてはくり返し「政策論」としては否定し続けたが、自民党は、政策論としても積極的に敵基地攻撃力論を主張するようになった。

二〇〇九年、一九九七年に策定されていた「防衛計画の大綱」の見直しを念頭において、自民党は「提言　新防衛計画の大綱について」[19]を出したが、その提言中で、自民党は、「憲法改正」、国家安全基本法による集団的自衛権行使容認をはじめ、日本版国家安全保障会議・局の設置、武器輸出三原則の見直しなどと並べて「敵基地攻撃力」保持を謳ったのである。しかし、この提言を出した三ヶ月後、民主党への政権交代が起こったため、この提言は、直接には、二〇一〇年の「防衛計画の大綱」には結びつかなかった。

次に自民党が提言を出したのは、二〇一二年一二月に第二次安倍政権という形で自民党が政権復帰したため、民主党政権期に出された大綱を再改訂する動きが出たことに対応して、二〇一三年六月のことであった。

久しぶりの政権復帰で意気上がった状態でつくられた、この提言「新防衛計画の大綱策定に係る提言」[20]においても、集団的自衛権の解釈による容認、海兵隊的機能の創設と並んで、敵基地攻撃力保持が「策源地攻撃能力」と名づけられて、明記されていた。注目されるのは、ここでは、敵基地攻撃力保持が「(6) 核・弾道ミサイル攻撃への対応能力の強化」という項の一節にはいってはいるものの、ミサイル防衛とは分けて、書かれていたことであった。

提言は、こう言った。


「さらに、同盟国による『拡大抑止』の信頼性を一層強固にする観点から、従前から法理上は可能とされてきた自衛隊による『策源地攻撃能力』の保持について、周辺国の核兵器・弾道ミサイルの配備状況も踏まえつつ、検討を開始し、速やかに結論を得る」[21]と。

つまり、ここでは、アメリカとの「信頼性」を確固たるものとするため、日本が敵基地攻撃能力を持つ必要があると、主張されていたのである。しかし、この一三年一二月に改定された「防衛計画の大綱」にも、敵基地攻撃力保持は採用されなかった。

さらに、北朝鮮によるミサイル発射が相次ぎ、北朝鮮の脅威が声高に言われるなか、二〇一七年にも自民党は提言において、敵基地攻撃力論を打ち出したが、この提言ではそれ以上に、イージス・アショア配備構想が打ち出され、その配備が閣議決定され、二〇一八年防衛計画の大綱にも明記された。反面、一八大綱には、またしても「敵基地攻撃力」保持は明記されなかったのである。

今回、自民党内で、防衛大臣経験者ら、国防族を中心に作られた検討チームが、そのメンバーも含めて、こうした長年にわたる自民党の検討チームの延長線上にあることは明らかであった。

自民党検討チームによる今回の提言の新たな特徴

しかし、二〇二〇年八月四日に出された今回の自民党提言[22]（巻末資料①）は、いままでの、〇九年、一三年、一七年の提言とは異なる特徴を持っていたことが注目される。ここに、今回の「敵基地攻撃力論」の位置づけの変化と危険性が表れている。

今回の自民党提言が以前のそれと異なる新しい特徴は、以下の三点にみられた。

政府主導　第一の特徴は、いままでの自民党提言は、国防族を中心とした検討チームが自分たちの要求を、比較的に露骨な形で発表し、それを受けて、政府が情勢や国際、国内世論を加味しながら提言の中味を取捨選択するという形をとったのに対し、今回は、政府主導で、抑止力の見直しが打ち出され、党がそれを受ける形で提言を出した点である。政府主導という点だ。

北朝鮮に加え中国脅威論　第二の特徴は、敵基地攻撃力論を導出する情勢分析では、いままでの提言がもっぱら、北朝鮮の弾道ミサイルのみを強調していたのに対し、今回の提言は、北朝鮮に加え、中国も名指しした点である。

すなわち、提言の冒頭の「情勢認識と課題」の最初は「我が国を取り巻く安全保障環境」と題して、こう始めている。

「国際社会においては、国家間の相互依存関係が拡大する一方、中国等の更なる国力の伸長等によるパワーバランスの変化が加速化・複雑化し、既存の秩序をめぐる不確実性が増している。こうした中、自らに有利な国際秩序・地域秩序の形成や影響力の拡大を目指した、政治・経済・軍事にわたる国家間の戦略的競争が顕在化している」[23]（傍点引用者）。

北朝鮮情勢は、次の項目「ミサイル脅威の増大」のところで触れられているのである。つまり、敵基地攻撃力を中心とする「抑止力」強化の対象は、北朝鮮に加えて中国だ、という点である。

抑止力向上の新戦略

第三の特徴は、提言が敵基地攻撃力に触れているのは、提言一に書かれている「総合ミサイル防空能力の強化」の章ではなく、それとは別におかれた「抑止力向上のための新たな課題」の章で触れられていることである。

いままでの自民党の提言では、「敵基地攻撃力」は、常に、弾道ミサイル防衛のところで触れられていたのとは大きな違いがある。しかも、この章の順番は、最初に「日米の基本的役割分担の維持と同盟全体の抑止力・対処力向上」があり、続いて「抑止力を向上させるための新たな取組」という項目で、敵基地攻撃力保持が触れられているのである。

「わが国への武力攻撃の一環として行われる、国民に深刻な被害をもたらしうる弾道ミサイル等による攻撃を防ぐため、憲法の範囲内で、国際法を遵守しつつ、専守防衛の考え方の下、相手領域内でも弾道ミサイル等を阻止する能力の保有を含めて、抑止力を向上させるための新たな取組が必要である。」と。

(2) 敵基地攻撃力論提起の三つのねらい

以上の特徴を踏まえて、今回、敵基地攻撃力論が登場したねらいを検討しよう。そのねらいは三つある。

実質改憲の集大成と明文改憲の新たな突破口

第一のねらいは、明文改憲が遅れているなか、当初はおそらく改憲後にと考えていた、敵基地攻撃力保持をむしろ先行して実行し、実質改憲を極限まで実現するとともに、あわよくば、それを明文改憲の突破口にしようというねらいである。

九条の下での解釈改憲の頂点は、二〇一四年、安倍政権が、長らく政府が否定してきた「集団的自衛権の行使禁止」をひっくり返し、限定的とはいえ、自衛隊に集団的自衛権行使を容認したことであった。この政府解釈の変更と安保法制は、安倍自身も自認していたように、これ以上はできないといわれる九条破壊の頂点であると思われていた。ここから先は、九条改憲をしなければできないと。

ところが、敵基地攻撃力保持というのは、集団的自衛権と並ぶ、憲法九条破壊の極致である。安倍は、反対運動の昂揚によって明文改憲が困難に逢着していたため、自分の任期中に「集団的自衛権」と並ぶ、もう一つの限界を突破したいと考え、イージス・アショア配備断念にかこつけて、敵基地攻撃力保持に踏み切ったと推測される。今回の敵基地攻撃力論が従来と異なり、自民党発ではなく、安倍首相の発言から始まっていたのもそうした政府―安倍の主導性を物語っている。

同時に、安倍は、敵基地攻撃論を検討の素材にすえることによって、情勢の如何によって、一気に九条改憲に踏み込むこともねらったのである。このねらいはそっくり菅内閣に引き継がれた。

トランプ政権の要請に応えて、軍事同盟内の負担分担

敵基地攻撃力保持論の第二のねらいは、「同盟国の責任分担」を求めるトランプ政権の要請に応えて、いままでの日米の役割分担――日本はあくまで「盾」に徹し「矛」は米軍に委ねるという役割分担――を変更し、アメリカの攻撃に際して、日本もその一端を担う方向に踏み出すことである。

もともとアメリカは、安保条約で日本全土に自由に基地設定できる権限を持ち、日本をアメリカの戦争の拠点基地として活用する一方、自衛隊の装備については、それが再びアメリカの脅威とならないよう、日本自らの攻撃的兵器の保持については厳しく制約してきた。

ところが、冷戦が終焉し、かつアメリカの力が相対的に低下し、中国の台頭が著しくなったオバマ政権あたりから、アメリカは、方針を変え、むしろ日本に、より多くの分担を求めるようになったのである。

トランプ政権は、その象徴である。トランプ大統領は、二〇二〇年一月にも、日米安保改定六〇年の声明で「我々の相互安全保障への日本の貢献が、今後拡大し続けると確信している」[24]と述べていた。

同じ日米安保改定六〇年に際してのインタビューで、ジョセフ・ヤング駐日代理大使は、盾と矛の役割分担について「同盟の特徴として強調したいのは時代に応じた柔軟性と適応性だ。新たな環境に適応しようとするにつれ、旧いモデル（盾と矛モデル――引用者）は日米がより密接に協力する新しいモデルに取って代わられる」と述べた。「盾と矛のモデルが、日米協力の在り方を表す言葉として正しいか分からない」[25]と。これらはいずれも、今回の敵基地攻撃力論の出る以前の発言であることに注目しなければならない。

極めつけは、次期駐日大使に指名されたケネス・ワインスタインが、米上院の公聴会で述べた言である。ワインスタインは、日本が「能力をさらに強化し、同盟内で一層大きな役割を負うよう促す」と述べたのである。

つまり今回の敵基地攻撃力論は、イージス・アショア配備断念を口実に起こったが、それはあくまで口実で、実はアメリカの圧力に応えるためのより戦略的な動きにほかならないという点に注目しなければならない。先に見た自民党提言が、敵基地攻撃論に触れる章の小見出しが、「日米の基本的役割分担の維持と同盟全体の抑止力・対処力向上」であることは、一見日本単独の能力強化に見える敵基地攻撃力保有論が、実は、日米軍事同盟内の課題として登場していることを象徴している。

トランプ政権の圧力に応えて一層大量の兵器買い

敵基地攻撃力論提唱の第三のねらいは、〝もっと日本はアメリカ製の兵器を買え〟というトランプ政権の圧力に応えるというものだ。

もともと、二〇一七年のイージス・アショアの配備決定は、アメリカ製兵器を買えというトランプの要求に応えるべく、日本政府が防衛省の頭越しに強引に導入を決めたものであった。ところが、今回の決定は、その配備を白紙にするものだから、当然アメリカが面白いはずがない。しかし、まず、イージス・アショア用に購入した迎撃システムは、イージス・アショアに代わり検討されている、新たなミサイル防衛システムでも、たとえば、ミサイル護衛艦に搭載するなどして、使用することになっているし、代わりのミサイル防衛システムの設置にもアメリカ製が使われることは間違いない。さらに、もし敵基地攻撃力保有となれば、イージス・アショア配備を遙かに上回る装備が必要となる。もちろん、その主要部はアメリカからの購入となることは明らかである。

敵基地攻撃力をもつとなれば、少なくとも、①敵ミサイル基地のリアルタイムでの把握のための衛星監視システム、②敵の防空レーダーやミサイルの無力化のため、また③敵のミサイル発射施設や地下施設攻撃のために必要な中距離巡航ミサイル装備が不可欠となるからだ。

こうして、敵基地攻撃力論は、いまや改憲の焦点となっている。

4　執念の自民党と「安倍改憲」継承の菅政権

改めて九条改憲に焦点

安倍の督促を受けて、自民党も明文改憲に執念を見せた。自民党ホームページは、自民党が決定した改憲四項目の内、改めて本命の九条改憲、自衛隊明記論に焦点を絞って宣伝を強めている。

自民党が新設した動画・アニメは、第一が「自衛官　汗と涙と誇り　三・一一東日本大震災」であり、第二番目が「新型コロナ対策でも活躍する自衛隊」であり、それに続けて「自衛隊はなぜ必要なの？」が流される仕組みである。三・一一、新型コロナで奮闘する自衛隊を売り込んだうえで、その自衛隊が憲法違反と言われかねない――これが自民党改憲主張の定番となっている。

「安倍改憲」を継承する菅政権

安倍政権が菅政権に代わるに従い、改憲問題は、遠のくという観測が見られた。右派ジャーナリズムもそれを警戒した。いわば政治家のライフワークとして改憲に固執した安倍に比べ、菅の場合には、改憲にそこまでの思い入れはない「安倍氏ほど本気でやる気はない」[26]と考えられたからである。

しかし、菅首相は「安倍政権を継承する」という公約どおり、改憲問題にも新たな布陣で乗り出そうとしている。菅首相は、まず自民党改憲推進本部の陣容を、安倍政権時代のそれから一新した。

自民党改憲推進本部長は、いままでの細田博之から衛藤征士郎に変え、衆院の憲法審査会長に細田を起用した。安倍の出身派閥の領袖と幹部に、改憲を任せ、改憲を推進するという構えを見せたのである。同時に、この推進本部の顧問に、自民党の麻生派――麻生派の領袖麻生は閣僚――を除く六派閥の会長を全て入れ、挙党態勢をとる構えを示したのである。これは、自民党が初めて改憲策動に本腰を入れた、小泉政権時代の挙党態勢に似ている。

また、菅は、安倍政権時代には政権とともすればぎくしゃくし、一貫して改憲に消極的であった公明党とも太いパイプを持っており、維新の会とは、安倍同様、これも太いパイプを持っている。

安倍首相が辞任して、ひとまず改憲は遠のいたのではという、市民の警戒心のゆるみを逆用して、菅首相は、改憲を推し進めようとしている。場合によっては、九条以外から改憲論を動かすことも含め、菅政権下の改憲は、極めて危険な状態が続く。

（1）「骨太2018」五六頁。
（2）同前、五六頁。
（3）「骨太2019」六〇頁。
（4）同前、六〇頁。
（5）「骨太2018」五六頁。
（6）「骨太2019」六〇頁
（7）「骨太2020」二頁。
（8）同前、二頁。
（9）同前、三一頁。
（10）「Go Toごり押し菅・二階『観光利権』を暴く」『週刊文春』二〇二〇年七月三〇日号。
（11）赤坂太郎「岸田の脱落、『菅首相』の急浮上」『文藝春秋』二〇二〇年九月号、二〇八頁以下。

(12) 渡辺、前掲『戦後史のなかの安倍改憲』一六〇頁以下、同『現代史の中の安倍政権』かもがわ出版、二〇一五年、参照。

(13) 九条への自衛隊明記論については、渡辺、前掲、『戦後史のなかの安倍改憲』一九三頁以下。

(14) 一九五六年二月二九日衆議院内閣委員会、浦田一郎編『政府の憲法九条解釈　第二版』信山社、二〇一七年、一一九〜一二〇頁。

(15) 同前、一二〇頁。

(16) 一九九五年五月一二日、衆議院安保委員会、浦田編、前掲『政府の憲法九条解釈　第二版』所収、一二二頁。

(17) 二〇〇二年五月二〇日、衆議院事態対処特別委員会、同前、五六頁に収録。

(18) 一九九九年四月二四日、参院決算委員会での浜田防衛庁長官発言、同前、一二二頁。

(19) 全文は、渡辺治編『憲法改正問題資料（下）』旬報社、二〇一五年、五一九頁以下に収録。

(20) 全文は、渡辺編、同前、八二五頁以下。

(21) 同前、八三一頁。

(22) 自由民主党政務調査会「国民を守るための抑止力向上に関する提言」二〇二〇年八月四日（巻末資料①）。

(23) 同前、一頁。

(24) 『朝日新聞』二〇二〇年一月二〇日付。

(25) 「日米安保の現在地」『朝日新聞』二〇二〇年一月二八日付。

(26) 「首相、改憲も安倍路線」『読売新聞』二〇二〇年九月三〇日付。

第3章 安倍亜流政権を倒し、野党連合政権で憲法の生きる日本を

一　菅首相に看板を変えただけでは「安倍政治」は終わらない

以上、垣間見たように、安倍政権は、新型コロナ蔓延にもかかわらずなお新自由主義政策に固執し、また敵基地攻撃力論を梃子に改憲の実現に邁進してきた。こうした新自由主義政治と改憲・軍事大国化に固執する政治が、国民の命とくらし、平和への思いと真っ向から逆行することは明らかである。

1　なぜ安倍政権は八年近くも続いたのか？

ところが、安倍政権は発足以来悪政を続けながら、その終焉まで七年八ヶ月にわたり、まれに見る長期政権を維持した。第一次安倍政権も含めた通算在職日数は近代日本史上最長となり、連続在職日数でも佐藤栄作政権を抜いて、歴代最長を記録した。コロナ対策の無策、場当たり的な政策、そしてきわめつけは、感染拡大が進んでいるさなかでの「Ｇｏ Ｔｏ トラベル」の前倒し、強行によって、安倍政権末期の内閣支持率は、第二次安倍政権の発足以来最低水準に下がっていた。しかし、二〇二〇年八月二八日の辞任表明以降、安倍内閣の支持率は再び上昇し、自民党支持率も上昇した。しかも安倍政権の継承を謳った菅内閣の支持率は、第二次安倍政権発足時のそれを上回る高い数字を記録した。

なぜこんな事態が起こっているのかを検討するなかから、「安倍政治に代わる選択肢」をつくる展望を検討したい。

(1) 安倍内閣支持率は、なぜ高かったのか

安倍内閣支持率が下がっても立憲野党の支持率は?

安倍政権末期は、どの世論調査でも支持と不支持が逆転し不支持率の上昇が続いた。NHKの二〇二〇年八月一二日に発表された世論調査でも、内閣支持率は三四%、前月の三六%よりさらに減り、第二次安倍政権発足以来の低い数字となった。反面、不支持は四七%になった。

しかし対抗する野党の支持率はまったく上がっていないことが目についた。最大野党の立憲民主党は、四・二%で、七月の四・九%より下がってしまった。共産党は、二・八%と前月より〇・六ポイント上がったものの、国民民主党は、〇・七%と現状維持、社民党も〇・二%と減少した。自民党支持率は三五・五%と前月の三二・二%より上昇していた。

ところが、安倍首相辞任表明後の世論調査では、安倍内閣支持率が軒並み上昇した。安倍政

図表4　安倍内閣支持率の推移

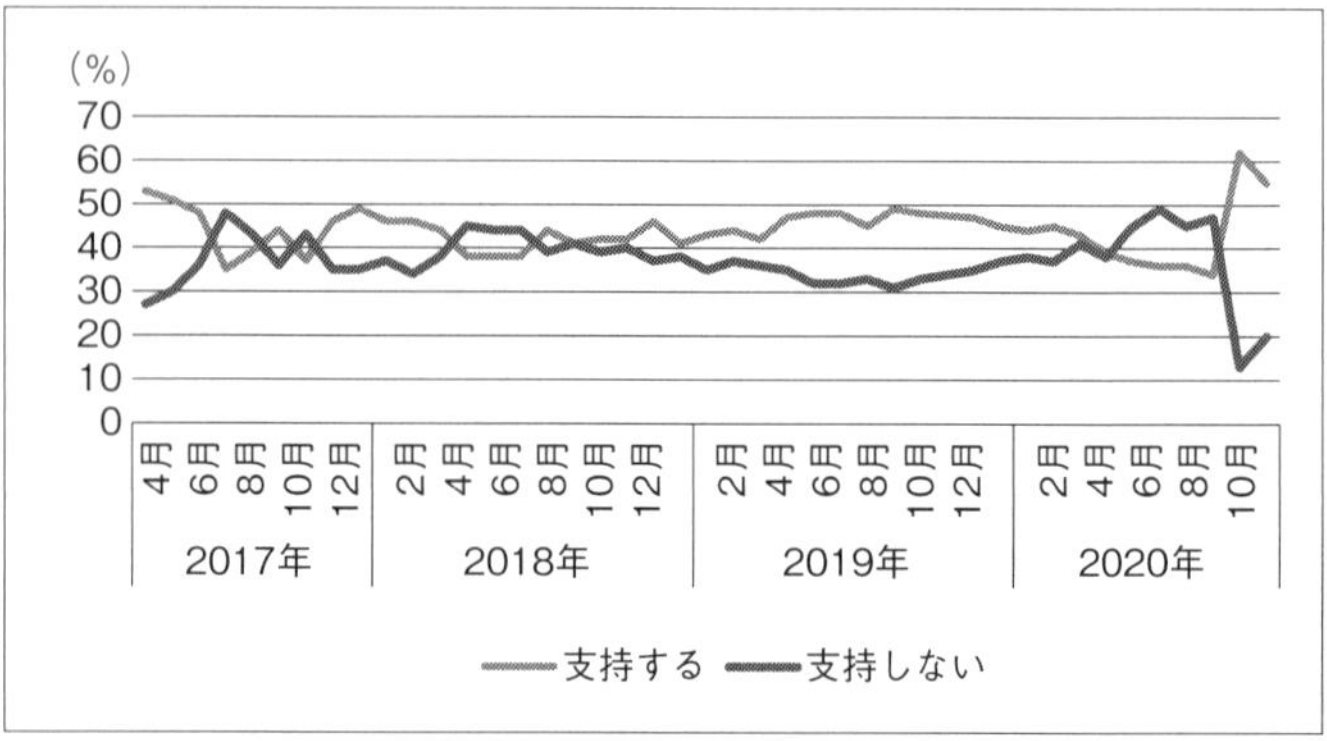

出所：NHK・選挙WEBより。

権の業績についても肯定する意見が多数を占めた。それまでも決して低くなかった自民党支持率はさらに上昇した。そして、立憲野党では、この間、立憲民主党、国民民主党、そして無所属議員が合流して新党結成の動きがすすんでいたが、その合流新党への期待は決して高くなかった。安倍内閣の支持率の推移にかかわらず立憲野党への支持が上がらないことが、確認された。

安倍政権を通じての特徴は？

もう少し長い時間軸をとってみよう。安倍政権誕生から終焉までの、ほぼ八年間をＮＨＫの毎月の世論調査でふりかえってみよう（図表4）。

復活安倍政権の発足以来、内閣支持率を不支持率が上回ったのは、二〇一三年、一四年には一度もなかった。一五年、安倍政権が戦争法を強行採決した八月、九月の二ヶ月、不支持が支持を上回ったが、一六年にはまたゼロ、森友、加計問題が荒れ狂った一七年には三回、再び加計問題が火を噴いた一八年には四回、しかし去年一九年にはゼロである。今年、二〇二〇年になると、五、六、七、八月と四ヶ月連続で支持を不支持が上回る事態が起こっているが、四ヶ月連続で不支持が支持を上回るのは、安倍政権でこの時のみであった。

安倍政権を通算すると、不支持が支持を上回った月は、全体のわずか一四%強にすぎない。これは、驚くべき数字と言えよう。

安倍が再登場する前の民主党政権を観てみよう。鳩山由紀夫政権では、九ヶ月の政権期間のうち、三分の一を占める最後の三ヶ月は支持を不支持が上回った。菅直人政権の場合は、一年三ヶ月の政権期間のうち（三・一一東日本大震災で調査のなかった一ヶ月を除いて）支持を不支持が上回ったのは、実に一一ヶ月に及び、とりわけ、三・一一後には支持は二〇%台から一〇%台に急落した。不支持が支持を上回ったのは、実に政権期間の八割に及んだ。野田佳彦政権においても、政権一六ヶ月のうち、一三ヶ月、不支持が上回る期間は八一%に及んだ。

民主党政権だけではない。麻生太郎政権も、不支持が支持を上回っていた期間が七七%にのぼる。

この支持率の安定が安倍政権存続の直接的理由だが、公平に見て、民主党鳩山、菅、野田政権が、安倍政権に比べ、格段に悪政を続けたとは言えないし、麻生政権とて同様である。

では一体、この差はどこからきているのであろうか。その問いを考えるうえで、注目すべき点がある。

(2) 安倍政権の行なった個々の政策と内閣支持率の乖離

それは安倍政権の支持率に関する世論調査では、安倍政権の行なった個々の政策や安倍首相をめぐる疑惑ではほとんど、反対あるいは疑惑への不信が多数を占めていたことである。

たとえば、二〇一八年に露顕した加計学園に関する柳瀬唯夫元総理秘書官の「首相案件です」という発言を柳瀬が否定したことに対し、一八年五月の世論調査では、「大いに」「ある程度」合わせて「納得できた」と答えた人は一一%しかおらず、「納得できなかった」という回答が七九%を占めた。柳瀬元秘書官の参考人招致には「必要」が四七%で、「不要」一八%を大きく上回った。

安倍に関する数々の疑惑はほぼ同じような調査結果である。「桜を見る会」の総理説明に対して、二〇二〇年一月調査では、「納得」一七%に対し、「納得できない」が七一%に上っている。

他方、政策についてみよう。消費税引き上げについては、ほぼ一貫して反対が圧倒的に多かった。安倍政権最大の課題であった安保法制の強行採決直後には、安保法制を「評価しない」あるいは「反対」が、『朝日新聞』五一％（九月二〇日、賛成三〇％）、『毎日新聞』五七％（九月二一日、評価する三三％）、『共同通信』が五三％（九月二一日、賛成三四・一％）、『日本経済新聞』が五四％（二一日、評価する三一％）、でいずれの新聞等の調査も、反対が賛成を上回った。

政府が推進している原発再稼働についても、反対が賛成を上回った。二〇一四年一〇月の『朝日新聞』では、「反対」五五％、「賛成」二九％、個別の原発でも、たとえば川内原発で見ると、再稼働「反対」が五七％で、「賛成」の三〇％を越えた（二〇一五年八月九日『毎日新聞』）。

いわゆる共謀罪法案については、採決直後の二〇一七年には「賛成」三二％に対し「反対」四七％、「十分審議された」の一二％に対し「十分審議されていない」が六九％（一七年六月『毎日新聞』）。残業代ゼロ法案と批判された「働き方改革関連法案」については、「賛成」一六％に対し「反対」は二八％（二〇一八年五月調査）。政府が参加しないと決めた核兵器禁止条約については、「参加すべき」が六六％、「参加しなくともよい」が一七％（二〇一九年一二月調査）、IR法案については、「すすめるべき」が二五％なのに対し、「止めるべきだ」が五四％（二〇二〇年一月）、と反対が多数であった。

コロナ関連施策では、NHK調査でみると、緊急事態宣言については、「遅すぎた」が七五％、「適切」の一七％を圧倒（二〇年四月）、政府が否定する自粛事業者への補償については、「賛成」が七六％、「反対」の一一％を圧倒する。アベノマスクについては、「評価する」が二三％なのに対し、「評価しない」が七一％（同四月）、「Ｇｏ Ｔｏ トラベル」については、「いったん中止」が六二％に対し、「除外地域を拡大して続ける」が一七％、全国一律実施は一〇％にすぎない（同八月）。

これをみれば、安倍政権の主要な政策に、国民はほとんどが反対してきたことが分かる。安倍政権の政策と支持率は連動していなかったことが明らかである。国民が、「安倍政治」を積極的に支持、容認した結果、安倍政権の支持率が一貫して高かったわけではないことが分かる。

(3) 菅内閣支持率と安倍政権の継承

似たような傾向が、菅政権についての世論調査でも言える。

菅政権の支持率は、どの世論調査を見ても六〇％以上と高い数字を残した。注目すべきなのは、菅政権が「安倍政権の継承」を掲げたことに対する質問で、それを評価する比率が高いことである。

たとえば『共同通信』の調査では、「安倍政権の路線継承を前面に掲げた」ことに対し「評価する」と答えた人が五八・七％、「評価しない」の三二・四％を大きく上回った[1]。

ところが、安倍政権の個々の政策について、菅政権が受けつぐべきかを聞くと全く逆になることが分かる。安倍政権の経済政策――つまり「アベノミクス」という名の新自由主義政策

――を続ける方がよいかを聞いた調査では、続ける方がよいと答えた人は、三七％で、見直す方がよいの五〇％を下回った。[2]

「安倍政治」のもう一つの柱、憲法改正を引き継ぐべきかを聞いた調査では、「引き継ぐ必要はない」が五七・九％で、「引き継ぐべき」という三六％を大きく引き離した。[3]

さらに、「桜を見る会」疑惑の再調査――言うまでもなく菅首相は、再調査はしないと答えている――を「すべき」と答えた人が六二・二％で、「必要ない」の三一・七％にダブルスコアをつけているのである。[4]

つまり、ここでも、安倍政権がやった政治のほとんどは、引き継がないでほしい、変えてほしいと思いながら、安倍政権の継承自体は、「そうだね」という答えが多いのである。

2　国民は「安倍政治」に代わる政治を求めているが、代わる選択肢を見いだせない

ではいったいなぜ安倍政権は、個々の政策に批判が強く時に批判を浴びて支持率を落としながら、政権に対する支持率を維持し、かくも長期にわたって政権を維持できたのであろうか。

その理由は、安倍政権、――より正確にいえば自公政権――に代わる選択肢が国民の前に見えなかったからではないだろうか。福田、麻生政権の時には、自公の政治に代わる民主党が、

自民党の新自由主義に真っ向から対決する政策を打ち出し、国民の期待を集めて躍進し、単独政権をうかがう力を示していた。自公政権に代わる選択肢が示されていたのである。

また、民主党政権の途中からは、自民党が民主党政権に代わる選択肢として国民の目に映っていた。菅政権、野田政権の支持率低下は、民主党政権に代わる枠組みを自民党が持っていたからである。

ところが、安倍政権に入ってから、自公の枠組み、政策的には新自由主義と軍事大国化政治に代わる選択肢を示すことができる政治勢力が国民の前に姿を見せられなかったこと、これが、安倍政権が個々の政策では強い批判を浴び続けながら長期政権を維持しえた原因ではなかったかと思われる。安倍政権の政治が悪いのは分かっているが、ではそれに代わる政権はあるのか？という疑念である。

自民党長期政権時代は、首相が替わることで、擬似的に政権交代が起こったように見え、また自民党はその効果を存分に利用して、長期政権を維持した。

その後も、首相の交代による支持率回復、政権の存続は期待された。現に二〇〇七年九月、安倍が倒れて福田政権に代わったとき、福田から麻生政権に代わったとき、あるいは鳩山から菅へ、菅から野田へクビが代わったときには数ヶ月間は支持率が上昇している。しかし、新自由主義政治の時代が始まってからは、首相が替わっても、新自由主義の政治は変わらない状態が続いている。国民は首相の交代により一時的に政治が変わることを期待するが、すぐに、政治が変わらないことを知って、期待を薄れさせている。

国民が求めているのは、「安倍政治」に代わる政治である。そうした、安倍政治に代わる選択肢が見えないところに、安倍政権がいわば「仕方のない支持」政権として存続した大きな理由があるのではないか。

これまで検討してきたように、コロナが起こって以降の安倍政権への不満は、安倍個人への不満もさることながら、安倍政権に象徴される新自由主義の政治、アメリカ追随の戦争体制づくりへの不満に由来している。この安倍政権への不満が、菅政権への高支持率となって現れているが、これまで見てきたように、「安倍政治」は新自由主義の政治、軍事大国化政策とも構造的なものであり、菅政権になったからといってそれが変わるものではないし、菅自身がそれを明言している。「安倍政治」を根本的に変える選択肢が切実に求められているのである。

3　このままでは「安倍なき安倍政治」が続く

「安倍政治」を変えるには、すぐ後で言うように、野党連合政権という選択肢しかない。ところが、いまの政党をめぐる動きでは、立憲野党が、政権をめざして共通の政治構想を出し、自公政権に代わる選択肢として名乗りを上げるまでには至っていない。

先に示したように、近年では安倍政権への支持率がかつてないほど長期に下がったにもかかわらず自民党の支持率が下がらず、また立憲野党の支持率も上がらなかったのは、立憲野党が、安倍政治に代わる選択肢として自己を提示できていないからにほかならない。

その結果、メディアも、安倍首相辞任表明後の「ポスト安倍」をめぐる熱狂に見られるように、「ポスト安倍」をもっぱら、自公政権の枠組みを自明の前提にした「選択肢」でしか考えていない。

しかし、自公政権が続く限り「安倍なき安倍政治」が続くことは必定である。これでは、新型コロナの蔓延の鎮圧も、ポストコロナの福祉の政治も生まれないであろう。

二 「安倍なき安倍政治」を終わらせるために何をなすべきか

――「安倍政治」に代わる「構想」と「担い手」

では一体どうやって、「安倍政治」に代わる選択肢をつくったらよいのであろうか。それには、「安倍政治」に代わる政治の構想と、どうやって「安倍なき安倍政治」を倒すのかという「担い手」の両方を示すことが必要である。

1 「担い手」づくり――共闘を政権の共闘へ

まず、担い手の方からみてみよう。「安倍政治」に代わる担い手は、いまがんばっている「労組・市民と野党の共闘」を、政権をめざす共闘に発展させるしかない。

(1) 六年近くに及ぶ共闘の成果と発展

二〇一四年一二月、安倍政権による「集団的自衛権行使容認」の解釈改変が起こったことに危機感をもって、「総がかり行動実行委員会」ができて以来、「労組・市民と野党の共闘」はジグザグはありながら、六年近くにわたって安倍政権に対峙してきた。とくに、二〇一七年九月、希望の党の結党と民主党の全員合流の決定により、共闘は一時破産の危機に立ったが、それまでの共闘の経験はその危機を乗りこえ、立憲民主党結党と躍進を経て、共闘は一層強固になった。

この「労組・市民と野党の共闘」に支えられ、立憲野党の共闘も国会内で大きく前進し、安倍政権の悪政を阻むいくつかの大きな成果を上げた。

安倍改憲を許さない闘い

第一の成果は、この共闘が、安倍の念願であった「安倍改憲」に反対して、改憲発議を許さなかったことである。衆参両院で、改憲勢力が発議に必要な三分の二の議席をとったことを踏まえ、先に述べたように、安倍は満を持して、九条への自衛隊明記論を柱とする改憲を提言した。これに対し、先に見たように、「総がかり」が中心となって、二〇一七年九月「安倍9条改憲NO！　全国市民アクション」が結成され、安倍改憲阻止の三〇〇〇万人署名を提起し取り組んだ。これが、地域の共闘を強くし、国会での野党の共闘を励ました。

衆参両院で改憲派は、三分の二以上を持っていたにもかかわらず、共闘が、憲法審査会で実質的改憲論議に入ることを阻止し続けたのである。

国会での安倍政権追及

成果の第二は、共闘が、国会で、安倍政権の政治に反対する野党の共同する取り組みを大いに前進させたことである。

近年でも、「桜を見る会」疑惑では、立憲野党が共同で追及本部を立ち上げて追及した。とくに、検察庁法改悪に反対しての闘いでは、国会で追及がなされると同時に、ツイッターでの市民を巻き込んだ闘いが組まれ、ついに検察庁法改悪を挫折に追い込んだのである。

「安倍政治」に代わる政治への萌芽

成果の第三は、共闘が、たんに安倍の悪政を阻止するための闘いにとどまらず、「安倍政治」を変える共闘への萌芽も持つに至ったことである。それは、とくに、二〇二〇年に入り新型コロナの流行が始まって以降、強まった。

共闘野党は、新型コロナ対策の「政府・与野党連絡協議会」をつくらせ、それに向けて共闘を強めた。補償無ければ自粛なし、というキャンペーン、家賃支援など野党共同の政策と法案提起が積極的になされ、政府の政策にも大きな影響を与えた。

また、政治を変える共闘への萌芽という点では、「労組・市民と野党の共闘」が戦後はじめて、二度にわたり、選挙での共闘を実現したことは画期的な成果である。すなわち、二〇一五年の総がかり行動実行委員会による安保法制反対の闘いの経験を踏まえて、強行採決後、共闘は、安保法制廃止の共闘へと発展したが、安保法制を廃止するには政治を変えねばならないということから、「総がかり行動」などのイニシアティブで、「市民連合」が結成され、立憲野党間の共闘を促進するために活動を開始した。

一六年参院選と、一九年の参院選ではいずれも、一人区で野党統一候補を立てて闘い、自民党の大票田の一人区で野党統一候補の当選を勝ち取った。一七年の衆院選でも不十分ながら、いくつかの地域、小選挙区で野党統一候補をたてて闘う経験も持った。こうした経験を経るなかで、全国の地域で、都道府県さらには小選挙区ごとに、市民連合が結成されて活動を続けていることも、見逃すことができない。

さらに注目すべきは、市民連合がイニシアティブをとって、立憲野党間の政策合意がつくられ、共闘の運動が前進するに伴って、政策合意の内容を豊富にしてきたことである。この最新の到達点が、あとでもふれるように、二〇一九年参院選を前に、市民連合の政策要望を五野党・会派が合意した共通政策（巻末資料②）であり、また、二〇二〇年九月に市民連合が立憲野党に提示した「立憲野党の政策に関する市民連合の要望書」（巻末資料③）である。

(2) 共闘の課題——政権めざす共闘へ

しかし、労組・市民と野党の共闘が、「安倍なき安倍政治」に代わる選択肢となるためには、共闘をいま一歩前進させ、この共闘を、政権をめざす共闘に発展させることが不可欠である。

政権共闘消極論批判

先に見たように、労組・市民と野党の共闘に励まされて、立憲野党間の共闘は、悪政を阻む「抵抗」の共闘から政治を変える共闘へと着実に前進してきた。だが、立憲野党内には、共闘を連合政権をめざす政権共闘へ発展させるには、まだ壁があるように思われる。

立憲野党が、政権の共闘に踏み出すのを逡巡させている大きな理由に、他の立憲野党諸党と共産党とが、党の目標に大きな違いがあるということが挙げられる。そこで、この問題、すなわち〝共産党と、他の立憲野党の政策には根本的な違いがあるから、政権共闘はできないし、やれば野合になる〟、という政権共闘への消極論を検討しておきたい。

こうした政権共闘消極論の代表は、前原誠司が民進党時代に展開した議論にみられる。そこで前原は、〝共産党とは安保・自衛隊・天皇についての見解が異なるから共闘はできない〟と主張していた。前原は、今回の合流新党への参加をめぐっても、立憲民主党と国民民主党を中心とした新党結成に参加しない表向きの理由として、この点を挙げている。「共産とは外交安保などで全く違う。共産党と協力する政党（合流新党）には行きたくないの一点に尽きる」(5)と。

これは、政党の「終着駅」が違うのだから、政権共同はできないというにつきるが、これはおかしな議論だ。なぜなら政党の終着駅が違うのは、あたり前だからだ。終着駅が一緒なら一つの政党になればよい。終着駅の違う政党同士が、当面の、しかも国民にとっては極めて切実な課題実現のため「途中駅」まで一緒に行き、目的を実現するのが政権共闘である。

問題は、「途中駅」に行くためにも政権をとらねばならないが、どの政党も単独では政権をとることができないということである。「途中駅」に着くためにも政権を握らねばできないから、「終着駅」の違う政党が連合して政権をつくろうというのである。その「途中駅」のなかには、辺野古基地建設阻止とか、安保法制廃止、新自由主義政治を止めて社会保障制度を強化・充実するなどの大きな政治課題があり、これら課題は、安倍政権が菅政権に替わっても、自公政権である限り実現できない、実現しようとしない課題である。

連合政権とは、国民に切実な「途中駅」の課題を実現するために政権をつくることにほかならない。連合をつくるには、お互いの「終着駅」は堅持しながらも、途中駅の実現のため、「終着駅」はペンディングにすることが不可欠だ。どの政党も、自らの固有の要求を共闘の条件にすれば、切実な「途中駅」をめざす共闘などできない。

「終着駅」を、政党がお互い尊重するということと、切実な「途中駅」まで行くために連合政権をめざすということとは、ちっとも矛盾しない。「終着駅」の違いを理由に共闘に消極的な態度をとることは、安保法制廃止とか新自由主義政治の転換という課題が国民にとってどんなに切実であるかを理解しない態度だと筆者は思う。

一三項目の共通政策

政権へ向けての共闘はできていないものの、共闘を積み重ねるなかで、先に見たように、政権共闘への芽が、いくつも生まれてきた。

とくに重要なのが、いままでの選挙時の合意を発展させて、二〇一九年五月二九日に市民連合が提出し五野党・会派が「受け止める」形をとった、一三項目の共通政策（巻末資料②）がそれである。

さらに、二〇二〇年になって、安倍政権の悪政の行き詰まりを踏まえて、市民連合は政策要望づくりを進め、菅政権の誕生後の九月一九日に、「立憲野党の政策に対する市民連合の要望書」（巻末資料③）を発表し、二五日には、この要望書を立憲民主党、社民党、共産党に提出した。この要望書は、二〇一九年の先の要望書からの共闘の発展、新型コロナの蔓延に伴う安倍新自由主義政治の破綻の顕在化、新自由主義政治転換の切実性の増大を踏まえ、とくに新型コロナ危機により生じた困難の克服を前面に立てた画期的な要望である。しかし、本書の執筆中に、この要望がいかなる形で立憲野党の合意となるかが見通せないため、ここでは、二〇一九年の一三項目の共通政策をもとに安倍政治に代わる政治の構想を検討したい。

この一三項目の共通政策は、これまでの共闘を踏まえて、いままでにない前進を見た政策であるが、大まかにいうと、三つの柱からできている。

第一の柱は、1〜5までで、これは、憲法改悪に反対し、平和な日本と東北アジアをつくるという柱である。この柱には、安倍改憲反対、安保法制廃止とともに、いままで野党間で合意できなかった、辺野古新基地建設反対も入ったことが注目される。

第二の柱は、6〜11までで、新自由主義政治に反対し、福祉を重視する社会づくりという柱だ。この柱でも、いままで野党の政策合意には入らなかった、消費税引き上げ反対が初めて入った。

第三の柱は、12、13、それに2の「立憲主義に反する諸法律の廃止」を含めた、立憲主義と民主主義を守る柱だ。

この三つの柱は、「安倍政治」に代わる連合政権の政治の構想でも柱となるものである。この共通政策ができたことは、共闘の積み重ねがあったからであり、この点で共闘は政権共闘へ大きく前進していると言える。

枝野私案

また、立憲民主党の枝野代表は、本書第1章でふれたように、二〇二〇年五月二九日に枝野私案「命と暮らしを守る」政権構想を発表したが、新型コロナの蔓延を踏まえて、新自由主義政治に終止符を打つ構想を提示しており、これも政権共闘の土台のひとつとなると思われる。

2 「安倍なき安倍政治」に代わる連合政権の政治構想——三つの柱

では、「安倍なき安倍政治」に代わる政治の「構想」とはどんなものであろうか。先に見た、共通政策の一三項目を念頭に置きながら、以下に、筆者が考える構想の輪郭を示してみよう。ここではいま国民の関心の強い、共通政策の第二の柱から考えてみよう。

(1) 新自由主義政治を変え新たな福祉国家の政治をつくる柱

連合政権が行なう政治の第一の柱は、自民党政権が四半世紀に渡り強行してきた新自由主義政治からの全面的脱却と、新たな福祉国家的政治の実現である。

新型コロナの蔓延のなかで、新自由主義政治の害悪が噴出している現在、連合政権は、国民の関心も強い新型コロナ対策を、「安倍政治」との対決点として、前面に打ち出さねばならないと思う。そこで、ここでもコロナ対策の当面する課題と、ポストコロナの新しい社会づくりに分けて検討したい。

当面する緊急政策――コロナ蔓延を終熄させ、いのちとくらしを守る

もっとも緊急に必要であり政府ができないのは、ＰＣＲ検査の抜本拡充である。この最大の原因である保健所の新自由主義的統廃合の停止と拡充は、コロナ一段落後にせざるをえない。

当面必要なのは、国の責任で全ての望む人にＰＣＲ検査を全て公費で行なう体制づくりである。その実現のためには、保健所、医師会と共同して、検査センターとセットで、公的発熱外

来を地域に多数設置し、いつでも何度でもＰＣＲ検査ができる体制をつくり、そこで陽性と判定された患者の容体に応じて、陽性者を病院または隔離施設に振り分ける措置をとれるようにすることである。

また、この陽性者をただちに入院、あるいは隔離収容できるよう、これも国の責任と指示により施設の整備を行なうことである。

第二に、医療体制の逼迫を阻止するため――病床数の拡大はこれもコロナ終息後ただちに行なわねばならない課題だが――病床を当面確保できるよう、重点医療機関指定とそこへの財政支援、また、医療全体の崩壊を防ぎ、日本の重症者数、死者数を減らすのに力を発揮している医療体制を機能させ続けるためにも、コロナ患者を受け入れていない医療機関に対する迅速な損失補償が必要である。

第三に、コロナ危機で困窮に陥っている女性、非正規労働者、零細、自営業層の危機に対応するために、コロナ対策のために行なっている、新自由主義の弊害を是正する特例措置を、時限的特例にせず、恒久化することである。休業手当、雇用調整助成金特例、失業給付特例、生活保護法運用特例、窓口負担の一時停止、資格証明書の特例、等を恒久化することで、ポストコロナの新しい社会の一部を先行実施する。

第四に、これまた、新自由主義政策で困難に直面し、コロナ危機で苦闘している介護施設・

介護労働者、保育所、保育労働者、地方自治体公務員等に対して、感染予防対策と企業経営維持のための財政的、物的支援を行なうとともに、この措置を特例的なものにとどまらせず、新自由主義政策見直しの検討にただちに入ることである。

ポストコロナの新しい社会――新自由主義政治の三本柱を壊し、新たな福祉国家を

第二段階は、ポストコロナ社会をつくる政治、すなわち新自由主義政治を止め、新たな福祉国家をつくる政治を実行することである。これには、雇用保障、労働者派遣法の改廃、労働基準法の強化に始まり膨大な課題があるが、先に見た、新自由主義政治の三本柱に対応した骨格だけを示しておきたい。

新自由主義政治の第一の柱、賃金削減、雇用の流動化・非正規化に対しては、最低賃金の一律一五〇〇円への引き上げ、正規・非正規の均等待遇、雇用保険、生活保護制度などの抜本改正・強化が必要である。(6) また労働者派遣法をはじめとする新自由主義的立法の見直し・改廃を行なう。

新自由主義政治の第二の柱、大企業への負担軽減のための社会保障費などの削減に対しては、地域医療構想の廃止・医療提供体制拡充の計画、国民健康保険制度の強化、さらに介護保険法の制度の強化の方向からの改正、などが当面必要である。

さらに、新自由主義政策のなかで弱体化されてきた、地方自治体の再建強化のため、「地方創生」を中止し、地方自治体への財政力付与、補助金・交付税交付金の増額が必要である。

また、保健所法の制定による保健所の拡充をはじめ、新自由主義の下で削られてきた地方自治体職員の拡充、地方自治体の非正規職員の正規化も必要である。

そして、最後に、こうした社会保障の充実に充てる財源など「大きな政府」に必要な財政強化のため、消費税の奢侈税への転換と法人税の課税ベースの拡大と税率引き上げ、所得税の課税方式の改革と累進制強化、金融取引税などの新設が、実施されねばならない。

大企業にかけられた規制緩和や自由貿易という、新自由主義の第三の柱に対しては、原発廃炉、労働基準法など労働者保護の再強化、ＴＰＰ、日欧ＥＰＡの見直し、農業をはじめとする食料生産、医療資材を含めた生産の国内化政策などが必要である。

(2) 改憲を阻止し、平和な日本と東北アジアをつくる柱

「安倍政治」に代わる連合政権の政治の第二の柱は、改憲を阻んで平和な日本と東北アジアをつくるという柱だ。この柱は、連合政権が政権奪取後ただちに着手すべき緊急政策と、本格的に取り組む第二段階の政策に分けられる。

第一段階＝野党連合政権構想で当初から実行めざす

政権奪取後、まず緊急に行なうのは、いままで自公政権が追求してきた改憲を止め、「憲法九条堅持宣言」をアジアと世界に向けて発表することである。これは、近年急速に進んでいる「新冷戦」とも称される米中の軍事的対決と緊張の激化に対して、その方向を否定し、武力によらない東北アジア、武力によらない世界の方向を打ち出すことで大きな意義を持つと考えられる。

続いて、新型コロナが蔓延している緊急事態の下で、日本がイニシアティブをとって、コロナ感染防止、東北アジアの平和創出のための連携会議を提唱すべきであろう。長年の自民党政権の下で、東北アジアの中国、朝鮮、韓国との関係は、決して良好とは言えない状況にある。その関係再構築の第一歩を踏み出すべきである。

同時に、米軍基地からのコロナの流入を防ぐためにも、米軍人・軍属の入国に関し地位協定九条改定、検疫に関する国内法適用の交渉を始めねばならない。これは今後の辺野古新基地建設や安保法制廃止に関して行なわれる日米交渉の入り口となることが期待される。

第二段階＝連合政権で本格的に取り組む

続いて、連合政権が本格的に取り組むべき課題は大きくいって次の三つである。九条外交の具体化、安保法制の廃止、そして辺野古新基地建設撤回・普天間基地廃止である。

①　九条外交、東北アジアの平和のイニシアティブ

九条外交の具体化は、いままで自民党政権が外交に九条を掲げたことがなかったのに対して、連合政権のみが取り組むことのできる課題である。しかも、この課題、平和な東北アジア秩序の形成は、連合政権が取り組む安保法制廃止や辺野古基地建設撤回にも不可欠の前提づくりの意義も持つ。

東北アジアで、米中が——そこに北朝鮮やロシアも加えて——核兵器開発も含めた軍拡と軍事的覇権争いを繰り広げている下では、国民は、「武力によらない平和」という理念には共感してもなかなか、その構想の実現に確信が持てず、日本の安全をアメリカの武力に依存して守らねば、という意識をすてきれない。

安保法制廃止や辺野古新基地建設撤回を実現するには国民の強い支持と団結が不可欠であるから、国民が武力によらないで、平和を維持できるという確信を固めるためにも東北アジアの平和秩序の形成を前進させることは重要である。

まず第一に取り組むべきは、東北アジア地域の紛争解決に武力を使わないという合意と紛争の平和的解決のための国際的機構の設置のイニシアティブをとることである。

第二は、東北アジアの非核化の前進のために、日本が核兵器禁止条約を批准すること、その

うえで、韓国とも協力し、改めて朝鮮半島非核化、東北アジアの非核化・大量破壊兵器制限のイニシアティブをとることである。

この点で、安倍政権で台頭した敵基地攻撃力論批判のブックレット(7)において前田哲男が「東北アジアABM条約」「東北アジアINF条約」を提唱していることは注目に値する。

さらにこうした取り組みを通常兵器軍縮に結びつけていくことが必要である。

最後に、連合政権が何をおいてもやらねばならないのは、過去の日本帝国主義による侵略戦争と植民地支配の責任を認め、謝罪することである。慰安婦問題、徴用工問題についても最終的解決をしなければならない。

② 安保法制廃止と九条についての政府解釈の復活

第二の課題は、安保法制の廃止と、集団的自衛権行使を容認した、二〇一四年七月の政府解釈変更をそれ以前の解釈に戻すことである。

この安保法制廃止は、九〇年代以降、より正確に言えば、六〇年安保条約改定以来六〇年に及ぶ日米軍事同盟強化の方向を転換する壮大な事業である。とくに安保法制廃止は、それと時を同じくして締結された、一五年日米ガイドラインの再考協議に及び、日米軍事同盟の大規模な変更になるため、日米交渉が不可欠となる。

これは、次の辺野古・普天間基地問題同様、アメリカの世界戦略に大きな打撃を与えることは必定であるため、アメリカの激しい反発と圧力がかかることは間違いない。また、アメリカのみならず、これまで日米軍事同盟の強化に携わってきた防衛省・自衛隊、外務省などの強い抵抗に遭うであろう。

それだけに、この課題を実現するには、連合政権内で十分な検討と合意が必要であるだけでなく、時に応じて、解散・総選挙で国民の信を問うことも不可欠である。

③ 辺野古新基地建設撤回・普天間基地撤去

第三の課題は、辺野古新基地建設撤回と普天間基地撤去である。これはすでに民主党鳩山政権が挑んだ課題でもあるが、アメリカの強い拒否に直面して、政権内部でも一致した対応がとれず、結局辺野古移転容認の確認に終わるという悲惨な結果を生んだ。その失敗の経験を踏まえ、連合政権がなんとしても実現しなければならない課題である。

アメリカ側が、普天間、辺野古問題で強硬な態度をとれるのは、安保条約六条が米軍に制限なく基地提供を認め、日米地位協定二条もそれを保障しているからである。したがって、基地問題を本格的に解決するためには、日米地位協定二条の改定により、基地を置く自治体が、その住民の多数の意思に基づいて、基地の廃棄を求めた場合には日本政府はそれをアメリカ側に伝え、アメリカ側はそれを受け入れねばならないと改定する必要がある。

現に沖縄県知事は、かつて大田昌秀知事時代にも、また次の稲嶺惠一知事時代にも、同種の地位協定改定案を作成したことがある[8]が、自公政権はそれを無視し続けてきた。

連合政権は、こうした地位協定改定案も参考にしつつ、辺野古・普天間一括解決をアメリカ側に提起すべきである。

この沖縄基地は、現在、米中の対決が激化しているなかで、さらに戦略的意義を持つようになっている。辺野古新基地建設撤回・普天間基地撤去は、アメリカ側の大きな抵抗を呼ぶであろう。

それだけに、強い国民の合意が不可欠であるが、この課題は安保法制以上に、その必要性が強い。なぜなら、普天間、辺野古の問題は沖縄県民には極めて切実な課題でありながら、依然として本土の人間も含めた国民的課題とはなりきっていないからである。

連合政権は、アメリカに対し、地位協定改定による辺野古・普天間基地問題の抜本解決を追求しつつ、国民の団結の力を背景に、地位協定改定前にも、辺野古・普天間だけは個別解決に持ち込む努力もなすべきである。

(3) 立憲主義と民主主義の回復・強化

連合政権第三の柱が、安倍政権が壊してきた、立憲主義・民主主義の回復強化である。

ここでは、まず、安倍政権の新自由主義政策の司令塔となってきた「経済財政諮問会議」「国家戦略特区諮問会議」「未来投資会議」等を廃止することから始めねばならない。

次に、これまた、森友、加計問題で現れた官僚の「忖度」を生んだ元凶である内閣人事局の廃止・官僚人事制度の改革が必要である。ちなみに、この官僚人事の掌握を梃子に、新自由主義政治と忖度の政治を推進したのが、現首相の菅であることは、忘れてはならない。

さらに国家公務員制度、地方公務員制度の改革により、公務員の拡充と労働基本権を中心とする権利保障が不可欠である。

(1) 共同通信、二〇二〇年九月一六、一七日世論調査。
(2) 朝日新聞、二〇二〇年九月一六、一七日調査『朝日新聞』二〇二〇年九月一八日付け。
(3) 共同通信、前掲調査。
(4) 同前。
(5) 「立憲・国民の合流新党不参加の前原氏、維新連携に含み」『毎日新聞』二〇二〇年八月一八日付け。
(6) 後藤道夫ほか・福祉国家構想研究会編『最低賃金——1500円がつくる仕事と暮らし』大月書店、二〇一八年、後藤道夫・布川日佐史・福祉国家構想研究会編『失業・反失業者が暮らせる制度の構築』大月書店、二〇一三年、ほか。
(7) 前田哲男『敵基地攻撃論批判 「専守防衛」の〝見える化〟を』立憲フォーラム、二〇二〇年。
(8) この点につき、渡辺治・福祉国家構想研究会編『日米安保と戦争法に代わる選択肢』大月書店、二〇一六年、三六三頁以下。

むすびに代えて

二〇二〇年九月一六日、七年八ヶ月に及ぶ長期政権を通じて新自由主義政治と軍事大国化を推進した安倍内閣が総辞職した。メディアの多くは、安倍政権をして、ただ長く政権にいただけで、他の長期政権のようなレガシーがないと揶揄していたが、筆者はそうは思わない。アメリカ追随の軍事大国化という、自民党政権がほぼ三〇年にわたり追求してきた課題についても、集団的自衛権行使容認、安保法制の制定、特定秘密保護法制定、武器輸出三原則の破棄、国家安全保障会議の設置と国家安全保障戦略の策定、そして九条改憲の執拗な追求と、歴代政権がいずれも回避したり挫折した課題を強行し続けた。

また、安倍政権は、その矛盾が爆発し反貧困、反構造改革の運動の昂揚と、それを背にした民主党政権の誕生により一時的に停滞を余儀なくされた新自由主義政治を再起動し、再強化した。これがコロナ危機の深刻化の直接の要因となったことは明らかだ。

新自由主義の政治強行のための強権体制は安倍時代に深化し、果てしなく続く汚職、腐敗、忖度の連鎖と国民の政治不信の要因ともなった。

安倍政権は無能どころか、国民にとっては極めて有害な政権であった。

同時に、強調しなければならないのは、安倍政権が取り組んだ課題はいずれも、安倍の思いつきといったようなものではなく、支配層が、長年にわたり懸案として実現をめざしていた課題であったという点である。その意味では、安倍政権は、三〇年にわたる支配階級のめざした課題の再稼働、完成をめざした政権であったと言えよう。

そのことは、皮肉にも、新型コロナの蔓延に際して、安倍政権がいかに無力であったかによって証明された。四半世紀にわたる新自由主義政治によってずたずたにされた制度は、安倍がどんなに力もうと、どうしようもないほど壊れていたのである。

それだけに、冒頭ふれたように、「安倍政治」は、たんに安倍が首相の座から降りただけでなくなるような生やさしいものではなく、私たちが運動と政権共闘によって、政権交代を果たさない限り、「安倍なき安倍政治」が続くことは間違いない。現に菅政権は発足早々に「自助、共助、公助」という新自由主義宣言を高らかに掲げ、小泉政権ばりの新自由主義政治に乗りだそうとしている。しかも菅首相は日本学術会議の会員任命を拒否することで、安倍政権の立憲主義破壊をも継承することを宣言した。

こうして今、「安倍政治」を終わらせることが改めて求められている。

しかも、この「安倍政治」を終わらせるという課題は、「はじめに」でもふれたように、世界史的な意義を持っている。「安倍政治」は、本書で強調したように、一九七〇年代末に生まれて以来すでに四〇年に及ぶ新自由主義資本主義の極めて兇暴な一部をなしているからだ。安倍政権がめざした軍事大国化、改憲も、冷戦終焉以来現在の米中軍事対決に至るまで、新自由主義にみあった世界づくりの一環ととらえることができる。

こうした新自由主義はすでに何度も矛盾と破綻を顕在化させ、トランプ政権や習近平体制のような極端な強権体制をも生んできた。その帰結が新型コロナの世界的蔓延であり、コロナ危機は、世界を覆い尽くした。

しかし、旧い体制はいかにその矛盾を顕在化させ、破綻を露わにしても、それだけで終焉することはない。新自由主義の体制は自滅してなくなることはない。新自由主義の時代の終わりは、新自由主義政策を止めそれに代わる政治・経済を掲げる政権が誕生し、いくつかの国に拡大することから始まる。何度か、その萌芽めいたものは登場し、多くの論者や運動が期待をかけた政権は誕生したことはあったが、しかし、いままでのところ、新自由主義の弊害は深刻化しても、それに代わる新たな政治・経済体制をめざす政権は世界のどこにも生まれていない。

青い鳥はどこにもいない。他国の経験に学びながら、私たち自身の力で新自由主義政治の転換をめざさなければならない。

私たちの国は、安倍政権という、最悪の新自由主義政権を許したが、それとの闘いのなかで、労組・市民と野党の共闘を生み、ジグザグを繰り返しながらそれを「安倍政治」に代わる政治をめざす共闘に発展させようとしている。

この道は困難かも知れない。しかしふり返ってみよう。あの二〇一四年、安倍政権が、九条について自民党政府も長年にわたり堅持してきた「集団的自衛権行使は認められない」という解釈を乱暴に変更し、続いてその立法化に取り組んでいたあの年、そしてその一〇月選挙では安倍自民党が圧勝し、公明党と併せて議席を獲得したあの二〇一四年には、一体誰が、民主党と社民党と共産党が国会内外で共同の運動を展開し安倍改憲を阻む大きな力を発揮することを予想したであろうか。少なくとも筆者は、そうした共闘は切望し、講演などでくり返しその必要は訴えてはいたものの、想像はできなかった。それが今はどうであろうか。いろいろぎくしゃくは絶えないが、本文中で見たように、いまや、野党間の共闘は日常である。

この野党共闘が、市民の運動の力を受けて、「安倍政治」に代わる選択肢として登場し政権を担うことも決して夢物語ではない。そして、その野党連合政権が新自由主義の時代を終わらせる最初の橋頭堡になることも。

二〇二〇年一〇月一日

著者

◆資料①

国民を守るための抑止力向上に関する提言

（二〇二〇年八月四日、自由民主党政務調査会）

【はじめに】

政治の要諦は国民の生命と安全を守り、国家の独立と平和を堅持することにある。国家の主権、国民の生命・財産、領土・領海・領空を断固として守り抜くため、これまで自由民主党は、累次の提言において、必要な能力の保有を政府に求めてきた。

政府においては、25大綱、30大綱において、弾道ミサイル防衛能力の強化に取り組む一方、ミサイル発射手段等に対するわが国の対応能力の在り方については検討の上、必要な措置を講ずると明記してきたところであるが、未だその結論が得られていない。

今般、北朝鮮の弾道ミサイル等の脅威の一層の増大を踏まえれば、国民を守るためにわが国の抑止力を向上させることは喫緊の課題である。政府においては、防衛戦略における位置づけを明確にした上で、具体的な結論を早急に得ることを求める。その際、戦略的合理性、経済的合理性、国際的な動向、国内世論などについて十分な考慮が必要である。

【現状認識と課題】

（わが国を取り巻く安全保障環境）

国際社会においては、国家間の相互依存関係が拡大する一方、中国等の更なる国力の伸長等によるパワーバランスの変化が加速化・複雑化し、既存の秩序をめぐる不確実性が増している。こうした中、自らに有利な国際秩序・地域秩序の形成や影響力の拡大を目指した、政治・経済・軍事にわたる国家間の戦略的競争が顕在化している。

わが国の周辺には、質・量に優れた軍事力を有する国家が集中し、軍事力の更なる強化や軍事活動の活発化が顕著である。また、グレーゾーンの事態は長期にわたり継続する傾向にあり、明確な兆候のないまま、より重大な事態へと急速に発展していくリスクをはらんでいる。さらに、テクノロジーの進化が安全保障の在り方を根本的に変えようとしており、各国は全般的な軍事能力向上のため、また、非対称的な軍事能力の獲得のため、技術の優位を追求している。このように、現在のわが国を取り巻く安全保障環境は、厳しさと不確実性が増大している。

（ミサイル脅威の増大）

北朝鮮は、近年、前例のない頻度で弾道ミサイルの発射を行い、同時発射能力や奇襲的攻撃能力等を急速に強化してきた。米朝協議が行われる中で、一時、弾道ミサイルの発射が行われなかった時期はあるものの、その間も、わが国全域を射程に収める弾道ミサイルを数百発保有し、それらを実戦配備しているという現実は継続していた。また、令和元年以降、新型を含む弾道ミサイルの発射を繰り返し、関連技術や運用能力の更なる向上を図っている。

さらに、各国は従来のミサイル防衛システムを突破するようなゲームチェンジャーとなりうる新しいタイプのミサイルの開発を進めている。中国やロシア等は極超音速滑空兵器の開発を進めており、北朝鮮も低空、かつ、変則的な軌道で飛翔可能とみられるミサイルの発射実験を行っている。また、従来のミサイル防衛で念頭に置かれていた弾道ミサイルのみならず、極超音速の巡航ミサイルや大量の小型無人機によるスウォーム飛行といった新たな経空脅威への対応も喫緊の問題となっている。

（ミサイル防衛の課題）

平素からわが国を常時持続的に防護できるよう弾道ミサイル防衛能力の抜本的な向上を図るために取り組んできた、イージス・アショア配備計画が事実上廃止されたが、同計画のわが国防衛上の重要性に鑑みれば、政府において、その経緯や理由、また代替機能の必要性を国民に対してわかりやすく正確に説明することが何より求められる。まずはこの点を早急に対応する責務があると認識すべきである。その上で、イージス・アショア代替機能の確保についても責任をもって早急に検討することが求められる。イージス艦及びＰＡＣ―３によりわが国全域の防護は当面は可能であるものの、警戒監視等の他の任務所要の増大を踏まえれば、常時持続的にわが国全土を防護することに課題がある。さらに、多数の複合的な経空脅威への同時対処や将来的な経空脅威への対処も新たな課題となっている。

（日米同盟と抑止力・対処力）

あらゆる経空脅威に切れ目なく対応できるよう、米国との緊密な連携の下で、わが国が主体的な取組を行うことにより、日米同盟全体の抑止力・対処力の向上を図ることが基本的立場である。

日米同盟の下では、「わが国は防御、米国は打撃」が基本的な役割分担とされてきた。しかしながら、北朝鮮の弾道ミサイル等の脅威の一層の増大を踏まえれば、我々が飛来するミサイルの迎撃だけを行っていては、防御しきれない恐れがある。

日米の基本的な役割分担は維持しつつも、日米の対応オプションが重層的なものとなるよう、わが国がより主体的な取り組みを行うことにより、抑止力をさらに向上させる必要がある。

以上を踏まえ、以下に関し、政府において実現に向けた検討を迅速に開始し、国民を守るための抑止力向上に必要な措置を講ずることを求めるものである。

【提言】

1．（総合ミサイル防空能力の強化）

（1）イージス・アショア代替機能の確保

常時持続的な防衛が可能となるよう、少なくともイージス・アショア代替機能を確保すべく早急に検討を行い、具体案を示すべき。

その際、自衛隊における人員の確保は大きな課題であり、隊員に負担がかからないよう、駐屯地・基地の警備等における各自衛隊間の相互協力（クロスサービス）等の適切な措置を講ずること。

（2）経空脅威の増大・多様化への対応

極超音速兵器や無人機のスウォーム飛行等、経空脅威の増大・多様化に対応するため、地上レーダーや対空ミサイルの能力向上等の更なる推進が必要である。

その際、米国の統合防空ミサイル防衛（ＩＡＭＤ）との連携を確保するとともに、極超音速兵器等の探知・追尾のため、低軌道衛星コンステレーションや滞空型無人機の活用等についても検討すること。

2．（抑止力向上のための新たな取組）

（1）日米の基本的役割分担の維持と同盟全体の抑止力・対処力向上日米の基本的な役割分担は維持しつつ、同盟全体の抑止力・対処力の向上につながるよう、米国との緊密な協議を行うことが必要である。

（2）抑止力を向上させるための新たな取組

わが国への武力攻撃の一環として行われる、国民に深刻な被害をもたらしうる弾道ミサイル等による攻撃を防ぐため、憲法の範囲内で、国際法を遵守しつつ、専守防衛の考え方の下、相手領域内でも弾道ミサイル等を阻止する能力の保有を含めて、抑止力を向上させるための新たな取組が必要である。

その際、「攻撃を防ぐのに万やむを得ない必要最小限度の措置をとること、たとえば誘導弾等による攻撃を防御するのに、他に手段がないと認められる限り、誘導弾等の基地をたたくことは、法理的には自衛の範囲に含まれ、可能」との従来の政府の立場を踏まえ、わが国の防衛力整備については、性能上専ら相手国国土の壊滅的な破壊のためにのみ用いられる、いわゆる攻撃的兵器を保有しないなど、自衛のために必要最小限度のものに限るとの従来からの方針を維持し、政府として早急に検討し結論を出すこと。

（3）ＩＳＲ（情報収集・警戒監視・偵察）等の関連能力強化

新たな取組の検討においては、宇宙、サイバー、電磁波領域の能力強化も含め、必要不可欠なＩＳＲ等の関連能力や政府としての情報機能の強化についても検討すること。

3．（関連施策の推進）

地方公共団体と連携した避難施設（既存の地下施設の利用を含む、シェルター等）やその関連技術の確保を含む、国民保護のための体制強化に取り組むこと。

上記の提言を踏まえた今後の取組について、国民の理解を得られるよう丁寧な説明の努力を全力で行うこと。わが国にとって望ましい安全保障環境の創出につながるよう、戦略的コミュニケーションを外交と一体となって推進すること。

今日の安全保障環境の変化を踏まえ、上記の提言以外にも、真に実効的なわが国の防衛力の構築や、拡大抑止の信頼性の更なる強化を含む日米同盟の一層の強化等の施策に果敢に取り組むこと。

◆資料②

立憲野党四党一会派の政策に対する市民連合の要望書

（二〇一九年五月二九日、安保法制の廃止と立憲主義の回復を求める市民連合）

来る参議院選挙において、以下の政策を掲げ、その実現に努めるよう要望します。

だれもが自分らしく暮らせる明日へ

1　安倍政権が進めようとしている憲法「改定」とりわけ第九条「改定」に反対し、改憲発議そのものをさせないために全力を尽くすこと。

2　安保法制、共謀罪法など安倍政権が成立させた立憲主義に反する諸法律を廃止すること。

3　膨張する防衛予算、防衛装備について憲法九条の理念に照らして精査し、国民生活の安全という観点から他の政策の財源に振り向けること。

4　沖縄県名護市辺野古における新基地建設を直ちに中止し、環境の回復を行うこと。さらに、普天間基地の早期返還を実現し、撤去を進めること。日米地位協定を改定し、沖縄県民の人権を守ること。また、国の補助金を使った沖縄県下の自治体に対する操作、分断を止めること。

5　東アジアにおける平和の創出と非核化の推進のために努力し、日朝平壌宣言に基づき北朝鮮との国交正常化、拉致問題解決、核・ミサイル開発阻止に向けた対話を再開すること。

6　福島第一原発事故の検証や、実効性のある避難計画の策定、地元合意などのないままの原発再稼働を認めず、再生可能エネルギーを中心とした新しいエネルギー政策の確立と地域社会再生により、原発ゼロ実現を目指すこと。

7 毎月勤労統計調査の虚偽など、行政における情報の操作、捏造《ねつぞう》の全体像を究明するとともに、高度プロフェッショナル制度など虚偽のデータに基づいて作られた法律を廃止すること。

8 二〇一九年一〇月に予定されている消費税率引き上げを中止し、所得、資産、法人の各分野における総合的な税制の公平化を図ること。

9 この国のすべての子ども、若者が、健やかに育ち、学び、働くことを可能とするための保育、教育、雇用に関する予算を飛躍的に拡充すること。

10 地域間の大きな格差を是正しつつ最低賃金「一五〇〇円」を目指し、八時間働けば暮らせる働くルールを実現し、生活を底上げする経済、社会保障政策を確立し、貧困・格差を解消すること。また、これから家族を形成しようとする若い人々が安心して生活できるように公営住宅を拡充すること。

11 LGBTsに対する差別解消施策、女性に対する雇用差別や賃金格差を撤廃し、選択的夫婦別姓や議員間男女同数化（パリテ）を実現すること。

12 森友学園・加計学園及び南スーダン日報隠蔽《いんぺい》の疑惑を徹底究明し、透明性が高く公平な行政を確立すること。幹部公務員の人事に対する内閣の関与の仕方を点検し、内閣人事局の在り方を再検討すること。

13 国民の知る権利を確保するという観点から、報道の自由を徹底するため、放送事業者の監督を総務省から切り離し、独立行政委員会で行う新たな放送法制を構築すること。

二〇一九年五月二九日

私たちは、以上の政策実現のために、参議院選挙での野党勝利に向けて、各党とともに全力で闘います。

◆資料③

立憲野党の政策に対する市民連合の要望書

いのちと人間の尊厳を守る「選択肢」の提示を

（二〇二〇年九月一九日、安保法制の廃止と立憲主義の回復を求める市民連合）

はじめに

私たち、安保法制の廃止と立憲主義の回復を求める市民連合は、二〇一五年の安保法制反対運動以来、憲法に基づく政治を求めてきた。しかし、法と道理をわきまえない安倍晋三政権およびその継続を公称する菅義偉政権の下で新型コロナウイルスの蔓延を迎える状況となった。人間の尊厳を顧みず、為政者の自己正当化のために情報を隠蔽してきた安倍・菅政権の対策が的外れであることは、必然の帰結である。我々は今までの運動の延長線上で、法と道理に基づいて人間の生命と尊厳を守る政治を確立するために運動を深化させなければならない。そして自民党政権に代わり、新しい社会構想を携えた野党による政権交代を求めていきたい。

政治の最大の使命は、いのちと暮らしの選別を許さないことにある。新型コロナウイルスの危機のさなか、医療、介護、福祉など「この人たちがいないと社会は回らない」エッセンシャルワーカーたちが注目を浴びた。と同時に、このエッセンシャルワーカーたちが、この三〇年間の「小さな政府」や「柔軟化」を旗印とする雇用破壊によって、過酷な労働を強いられてきたことも明らかになった。彼ら・彼女らの過酷な状況は、一部の企業に富を集中する一方で働く人々に貧困と格差を押し付けてきたこれまでの経済システムの象徴である。個々の人間の尊厳、およびジェンダー平等はじめ互いの平等という基本的価値観の上に立ち、このシステムを転換し、社会を支える人々の尊厳を守ること、さらにすべての働く人々が人間らしい生活を保障されることを、新しい社会像の根幹に据えなければならない。

次期総選挙は、自民党政権の失政を追及する機会であると同時に、いのちと暮らしを軸に据えた新しい社会像についての国民的な合意、いわば新たな社会契約を結ぶ機会となる。野党各党には、この歴史的な転換を進めるべく、以下の政策について我々と合意し、国民に対して選択肢を提示し、その実現のために尽力するよう要望する。

Ⅰ　憲法に基づく政治と主権者に奉仕する政府の確立

1．立憲主義の再構築

公正で多様性にもとづく新しい社会の建設にむけ、立憲主義を再構築する。安倍政権が進めた安保法制、特定秘密保護法、共謀罪などの、違憲の疑いの濃い法律を廃止する。自民党が進めようとしてきた憲法「改定」とりわけ第9条「改定」に反対し、改憲発議そのものをさせないために全力を尽くす。日本国憲法の理念を社会のすみずみにいきわたらせ、公正で多様な社会を求める市民、企業、団体との連携をすすめ、安倍政権で失われた民主主義の回復に取り組んでいく。

2．民主主義の再生

主権者が、自分たちの生きる公共の場をどのように作り出すか自由闊達に議論し、決めていくという民主主義を取り戻す。そのために、国会の行政監視機能の強化、選挙制度の見直し、市民参加の制度の拡充、学校教育における自由な主権者教育を実現する。また、地方自治体の自由、自立を確保するために、中央省庁による無用な制度いじり、自治体の創意工夫を妨げる統制、操作、誘導を排し、一般財源を拡充する。

3. 透明性のある公正な政府の確立

安倍政権下ですすんだ官邸主導体制の下で、権力の濫用、行政の歪みが深刻化している。政府与党による税金の濫用や虚偽、隠蔽により生じた市民の政府への不信の高まりが、効果的な新型コロナウイルス対策を妨げている。透明性のある公平な行政の理念のもと、科学的知見と事実に基づく合理的な政策決定を確立し、政策への信頼を取り戻すことが求められている。内閣人事局の改廃を含め、官僚人事のあり方を徹底的に再検討する。一般公務員の労働環境を改善し、意欲と誇りをもって市民に奉仕できる体制を確立する。国民の知る権利と報道の自由を保障するために、メディア法制のあり方も見直し、政府に対する監視機能を強化する。

Ⅱ 生命、生活を尊重する社会経済システムの構築

4. 利益追求・効率至上主義（新自由主義）の経済からの転換

新型コロナウイルスの危機は、医療、教育などの公共サービスを金もうけの道具にしてきた従来の改革の失敗を明らかにした。医療・公衆衛生体制、労働法制、教育政策等への市場原理の導入により、社会的な危機が市民の生活の危機に直結する事態が生じている。信頼できる有能・有効な政府を求める世論の要求は高まっている。利益・効率至上主義を脱却し、国民の暮らしと安全を守る新しい政治を目指していく。

5. 自己責任社会から責任ある政府のもとで支えあう社会への転換

小さな政府路線と裏腹の自己責任の呪縛を解き、責任ある政府のもとで支えあう社会をめざす。新しい社会をつくりあげるために、財政と社会保障制度の再分配機能を強化する。消費税負担の軽減を含めた、所得、資産、法人、消費の各分野における総合的な税制の公平化を実現し、社会保険料負担と合わせた低所得層への負担軽減、富裕層と大企業に対する負担の強化を図る。貧困対策においては、現金・現物の給付の強化と負担の軽減を組み合わせた実効的対策を展開し、格差のない社会をめざす。

6．いのちを最優先する政策の実現

新型コロナウイルスとそれに伴う経済危機による格差の拡大を阻止するための政策が求められている。医療・公衆衛生体制に国がしっかりと責任をもち、だれでも平等に検査・診療が受けられる体制づくりをめざす。感染対策に伴う社会経済活動の規制が必要な場合には、労働者、企業への補償に最優先の予算措置を講じ、公平性、透明性、迅速性を徹底する。

7．週四〇時間働けば人間らしい生活ができる社会の実現

先進国の中で唯一日本だけが実質賃金が低下している現状を是正するために、中小企業対策を充実させながら、最低賃金「一五〇〇円」をめざす。世帯単位ではなく個人を前提に税制、社会保障制度、雇用法制の全面的な見直しを図り、働きたい人が自由に働ける社会を実現する。そのために、配偶者控除、第3号被保険者などを見直す。また、これからの家族を形成しようとする若い人々が安心して生活できるように公営住宅を拡充する。

8．子ども・教育予算の大胆な充実

出産・子育て費用の公費負担を抜本的に拡充する。保育の充実を図り、待機児童をなくし、安心して働ける社会を実現する。教育予算を拡充し、ゆとりある小中高等学校の学級定員を実現する。教員や保育士が安心して働けるよう、待遇改善をすすめる。教育を受ける機会の平等を保障するために、大学、高専、専門学校に対する給付型奨学金を創設するとともに、大学、研究機関における常勤の雇用を増やす。学問の自由の理念の下、研究の自立性を尊重するとともに、政策形成に学問的成果を的確に反映させる。

Ⅲ　地球的課題を解決する新たな社会経済システムの創造

9．ジェンダー平等に基づく誰もが尊重される社会の実現

雇用、賃金、就学における性差別を撤廃し、選択的夫婦別姓を実現し、すべての人が社会、経済活動に生

き生きと参加する当然の権利を保障する。政治の世界では、民主主義を徹底するために議員間男女同数化（パリテ）を実現する。人種的、民族的差別撤廃措置を推進する。ＬＧＢＴｓに対する差別解消施策を推進する。これらの政策を通して、日本社会、経済の閉塞をもたらしていた政治、経済における男性優位の画一主義を打破する。

10．分散ネットワーク型の産業構造と多様な地域社会の創造

エネルギー政策の転換を高等教育への投資と結びつけ、多様な産業の創造を支援する。地域における保育、教育、医療サービスの拡充により地域社会の持続可能性を発展させる。災害対策、感染対策、避難施設の整備に国が責任をもつ体制を確立する。中小企業やソーシャルビジネスの振興、公共交通の確保、人口減少でも安心して暮らせる地域づくりを後押しする政策を展開する。

11．原発のない社会と自然エネルギーによるグリーンリカバリー

地球環境の危機を直視し、温暖化対策の先頭に立ち、脱炭素化を推進する。二〇五〇年までに再生可能エネルギー一〇〇％を実現する。福島第一原発事故の検証、実効性のある避難計画の策定をすすめる。地元合意なき原発再稼働は一切認めない。再生可能エネルギーを中心とした新しいエネルギー政策の確立と地域社会再生により、原発のない分散型経済システムをつくりあげる。

12．持続可能な農林水産業の支援

農林水産業については、単純な市場原理に任せるのではなく、社会共通資本を守るという観点から、農家戸別補償の復活、林業に対する環境税による支援、水産資源の公的管理と保護を進め、地域における雇用を守り、食を中核とした新たな産業の育成を図る。また、カロリーベースの食料自給率について50％をめどに引き上げる。

Ⅳ　世界の中で生きる平和国家日本の道を再確認する

13．平和国家として国際協調体制を積極的に推進し、実効性ある国際秩序の構築をめざす。

平和憲法の理念に照らし、「国民のいのちと暮らしを守る」、「人間の安全保障」の観点にもとづく平和国家を創造し、WHOをはじめとする国際機関との連携を重視し、医療・公衆衛生、地球環境、平和構築にかかる国際的なルールづくりに貢献していく。核兵器のない世界を実現するため、「核兵器禁止条約」を直ちに批准する。国際社会の現実に基づき、「敵基地攻撃能力」等の単なる軍備の増強に依存することのない、包括的で多角的な外交・安全保障政策を構築する。自衛隊の災害対策活動への国民的な期待の高まりをうけ、防衛予算、防衛装備のあり方に大胆な転換を図る。

14．沖縄県民の尊厳の尊重

沖縄県名護市辺野古における新基地建設を直ちに中止し、環境の回復を行う。普天間基地の早期返還を実現し、撤去を進める。日米地位協定を改定し、沖縄県民の尊厳と人権を守る。さらに従来の振興体制を見直して沖縄県の自治の強化をめざす。

15．東アジアの共生、平和、非核化

東アジアにおける予防外交や信頼醸成措置を含む協調的安全保障政策を進め、非核化に向け尽力する。東アジア共生の鍵となる日韓関係を修復し、医療、環境、エネルギーなどの課題に共同で対処する。中国とは、日中平和友好条約の精神に基づき、東アジアの平和の維持のために地道な対話を続ける。日朝平壌宣言に基づき北朝鮮との国交正常化、拉致問題解決、核・ミサイル開発阻止向けた多国間対話を再開する。

以上

〔著者紹介〕

渡辺　治（わたなべ　おさむ）

一橋大学名誉教授、九条の会事務局。主な著書・編著に『日本国憲法「改正」史』（日本評論社、一九八七年）、『戦後政治史の中の天皇制』（青木書店、一九九〇年）、『「豊かな社会」日本の構造』（旬報社、一九九〇年）、『政治改革と憲法改正』（青木書店、一九九四年）、『講座現代日本1　現代日本の帝国主義化』（大月書店、一九九六年）、『日本の大国化とネオ・ナショナリズム』（桜井書店、二〇〇一年）、『構造改革政治の時代』（花伝社、二〇〇五年）、『安倍政権論』（旬報社、二〇〇七年）、『憲法九条と二五条・その力と可能性』（かもがわ出版、二〇〇九年）、『新自由主義か新福祉国家か』（旬報社、二〇〇九年）、『安倍政権と日本政治の新段階』（旬報社、二〇一二年）、『安倍政権の改憲・構造改革新戦略』（旬報社、二〇一三年）、『〈大国〉への執念　安倍政権と日本の危機』（大月書店、二〇一四年）、『憲法改正問題資料（上・下）』（旬報社、二〇一五年）、『現代史の中の安倍政権』（かもがわ出版、二〇一六年）、『戦後史のなかの安倍政権』（新日本出版社、二〇一八年）など。

安倍政権の終焉と新自由主義政治、改憲のゆくえ
──「安倍政治」に代わる選択肢を探る

二〇二〇年一一月一〇日　初版第一刷発行

著者……………渡辺　治
装丁……………佐藤篤司
発行者…………木内洋育
発行所…………株式会社　旬報社
〒一六二-〇〇四一　東京都新宿区早稲田鶴巻町五四四
TEL 〇三-五五七九-八九七三　FAX 〇三-五五七九-八九七五
ホームページ http://www.junposha.com/

印刷・製本……中央精版印刷　株式会社

　ISBN978-4-8451-1668-3